福岡県公立高等学校

令和４年度学力検査問題

国　語

（50分）

注意

1　監督者の開始の合図があるまで，この問題冊子を開かないでください。

2　問題は，１ページから10ページまであります。

3　解答は，全て解答用紙の所定の欄に記入してください。

4　解答用紙の※印の欄には，何も記入しないでください。

5　監督者の終了の合図で筆記用具を置き，解答面を下に向け，広げて机の上に置いてください。

6　解答用紙だけを提出し，問題冊子は持ち帰ってください。

2022(R4) 福岡県公立高
教英出版

一　次の文章を読んで、後の各問に答えよ。句読点等は字数として数えること。

私は人口減少がもたらす変化に対応するための「しなやかさ」を身に付けるには、エンパシーと呼ばれる力が極めて重要になると考える。エンパシーには日本語にピタリとはまる訳語がなく、聞きなれない言葉だが、シンパシーと似ている。X その意味は少々異なっていて、シンパシーが「自分は違う立ち位置にいて、相手に同情する」ことを指すのに対し、エンパシーは「自分も相手の立場に立って、気持ちを分かち合う」ことを意味する。

例えば、穴に落ちて困っている人への対応をイメージすれば分かりやすい。落ちた人を穴の上から覗《のぞ》いて心配することがシンパシーだ。これに対して、自分も穴の中に降りていって、一緒に解決策を考えるのがエンパシーである。自分と違う価値観や理念を持っている人が何を考えているかを想像する力とも言えるだろう。コミュニケーション能力の基礎である。

なぜ人口減少社会においてエンパシーが極めて重要になるのかと言えば、これから訪れる社会はいままでの日本とは全く異なるからだ。繰り返すが人口減少がもたらすこれからの激変は、すべての分野に例外なく起こる。そして誰も経験したことのない大きな変化となる。過去の経験則や知識といったものは役に立たないのだから、各人がおのおのの立場を超えて理解し合い、新たな知恵を出さざるを得ない。私は地域の暮らしにおいて「助け合い」の必要性を繰り返し説いてきたが、①世代を超えたコミュニティーを形成し、生かしていくためにはエンパシーによる相互理解は不可欠なのである。

例えば、二十一世紀の日本は超高齢社会が進んでいく。社人研の推計では二〇六七年の百歳以上人口は五十六万五千人となり、その年の年間出生数五十四万六千人を上回る。九十代に限っても五百八十六万七千人だ。これだけ多くの九十代、百代が暮らす社会は世界のどこを探してもないだろう。予期せぬことがどんな形で起きてくるのか想像もつかない。

現状で言えることは、もしこれらの年代の人々の暮らしが成り立たなくなったならば、若い世代の社会的負担はさらに大きくなり、社会全体に少なからぬ影響が出てくるということだ。九十代、百代の人々の暮らしを支えていくためには、まずはこうした年齢の人々がどのような環境に置かれているのかを知ることだ。どんなことに喜びを感じ、どんな悩みを抱いているのか、理解する必要がある。いまやAIによって、視力の衰えた高齢者の視界がどれほどまでに狭まっているのかを簡単に映像化することができる。筋力の衰えでどれぐらいの歩行スピードとなるのか、あるいは握力が弱り、瓶の蓋はどれぐらいの硬さになったら開けられなくなるのかといったこともシミュレーションし、疑似体験することも可能だ。違う立場の人々を理解するために積極的にアプローチをしないかぎり、真にa必要な政策を講じることはできない。ニーズを把握してマーケットを掘り起こすこともできない。

ビジネスシーンで言うなら、働く世代の激減に伴って外国の人々とbさまざまなチャンネルで交流する機会も増えるだろう。商習慣に始まり、文化や価値観も含めてお国柄の違いに戸惑い、摩擦が生じる場面も断然多くなるだろう。日本人同士でもテレワークや在宅勤務が普及するにつれて、直接会うよりも正確な情報のやり取りや意思の疎通が求められるようになってくる。これまで以上に相手の立場になってものを考え、世代を超えた相互理解を図るべく積極的に努力しない限り、社会は円滑に回っていかなくなるということである。エンパシーとは、人口減少社会になくてはならない②潤滑油なのである。

言うまでもなく、他人に寄り添う気持ちの強さは、誠実さや礼儀正しさなどと並ぶ日本人のc代表的な国民性であり、美徳だ。そうした意味では、エンパシーが日本社会に定着しやすい素地はある。すでに身に付けているという人も少なくないことだろう。

X 子供について考えるならば、エンパシーが自らの体験の中から学ぶものである以上、価値観が異なる人との交流や、異文化に遊んだりする機会を意図して増やしていくことも考えなければならなくなるだろう。
　多くの人がエンパシーを身に付け、相手を思いやることが当たり前の社会となったならば、日本の未来は大きく変わる。

（河合雅司『未来を見る力　人口減少に負けない思考法』ＰＨＰ研究所による。一部改変）

（注）社人研…国立社会保障・人口問題研究所の略。
　　　ＡＩ…人工知能。推論、判断などの知的な機能を備えたコンピューター・システム。

問一　本文中の二箇所の空欄 X に共通して入る語句として最も適当なものを、次の1～4から一つ選び、番号を書け。

1　では　　2　または　　3　なぜなら　　4　ただ

問二　本文中の a 必要な　b さまざまな　c 代表的な　d 小さな　のうち、品詞が異なるものを一つ選び、記号を書け。

問三　本文中に ①世代を超えたコミュニティーを形成し、生かしていく とあるが、そのために書き手が必要だと述べている内容として最も適当なものを、次の1～4から一つ選び、番号を書け。

1　高齢者がふだん感じている喜びや悩みに耳を傾け、新たな商品市場を開拓することで、個人の利益を追求すること。
2　働く世代の人々に限定して、高齢者と交流して情報のやり取りを行う機会を増やし、世代間の交流を図ること。
3　高齢者の置かれた状況を疑似体験するなどして理解し、解決に向けた策を講じるため積極的に努力すること。
4　日常生活で高齢者が感じている困難に理解を示した上で、高齢者同士が自立して助け合う意識を高めること。

問四　本文中の ②潤滑油 とは、エンパシーのどのような働きをたとえたものか。解答欄の下の「働き。」という語句に続くように、十字以内でまとめて書け。

問五　次の □ の中は、本文中の「しなやかさ」について述べたものである。

書き手の述べる「しなやかさ」とは、人口減少に伴い ア が役に立たなくなる中で、 イ できる柔軟性のことである。

(1)　ア に入る内容を、本文中から九字で探し、そのまま抜き出して書け。
(2)　イ に入る内容を、二十五字以上、三十字以内で考えて書け。ただし、**価値観**、**変化** という二つの語句を必ず使うこと。

問六　本文の展開や内容について説明した文として最も適当なものを、次の1～4から一つ選び、番号を書け。

1　具体的な事例を織り交ぜながら、超高齢社会においてシンパシーを身に付けることの大切さを主張している。
2　論の中心となる語句について初めに書き手の解釈を示した上で、今後の人口減少社会で重要なことを述べている。
3　世界の人口や出生数を提示して、人口減少社会において諸外国との関係で起きる問題を具体的に述べている。
4　他の考え方に対する書き手の反論を具体例を挙げて示し、超高齢社会における人々の在り方を主張している。

二　次は、【文章】とそれに関する【資料】である。

(1)　次の【文章】を読んで、後の各問に答えよ。句読点等は字数として数えること。

【文章】

【ここまでのあらすじ】老舗車いすメーカーの藤沢製作所で働く山路《やまじ》百花《ももか》は、採用面接のことを回想している。面接者は、社長の藤沢由利子、社員の小田切、石巻であった。由利子に志望理由を問われた百花は、親友で車いすテニス選手の君島宝良《きみじまたから》がきっかけとなって車いすに興味を持ち、競技用車いすの製作を仕事にしたいと思うようになったことを、情熱をこめて答えた。すると、宝良の活躍が話題になった。

「ただ彼女の場合は、その前の一般テニスのキャリアも相当のものですから。高校二年で受傷する前はインターハイ出場経験もあるそうで、テニス技術はずば抜けています。ただ、まだチェアワークがベテラン勢に追いつかず、そのせいでグレードの高い大会では優勝争いに食い込めずにいるんですが、これでチェアスキルも身につければ七條玲《しちじょうれい》に次ぐ日本のトッププレイヤーになると思います」

百花は、宝良がいずれ日本だけではなく世界までも舞台にして戦う車いすテニスプレイヤーとなることを疑ったことはなかった。けれど、自分以外の誰かがはっきりと宝良の力を認めるのを聞いたのは初めてで「ありがとうございます！」と自分のことでもないのに小田切に勢いよく頭を下げた。小田切は少したじろいだように身を引いて、百花の履歴書のコピーを手に取った。

「山路さんは、競技用車いす部門への配属を希望しているとのことですが」

「はい。友人が最高のプレーができるような、いい競技用車いすを作りたいです」

「それでは、君島選手がもし将来的に競技をやめたら、ａあなたにとっても車いす作りは意味がなくなるんですか？」

予想もしていなかった質問に、え、と声がもれた。

そんなことはない、と答えようとしたが、本当にそんなことはないのか？　と自分の内なる声に問いただされて迷いが生じ、小田切のこちらを見据えて逸《そ》れることのない視線に気づくとなおさら言葉がもつれて、①百花は頭がまっ白になってしまった。

石巻が眼鏡のブリッジを押し上げながら咳払《せきばら》いした。

「小田切くん、そういう小意地の悪い質問で若者をいじめるのは広まるのは知ってるだろう」

「自分はいじめる意図はなく、ただ疑問に思ったことを」

「人が何かをめざすきっかけは本当にさまざまだし、それはたいてい身近で個人的なものだったりします。ただ、きっかけはきっかけでその人の意志をずっと規定するものではないでしょう。年月と経験を重ねるごとに仕事への思いは変化していく。ｂあなたもよく知っているようにね」

由利子がやわらかく笑いかけると、小田切は少し黙ってから「その通りです」と声を落とした。由利子は百花と目を合わせると、ゆるぎない微笑を浮かべた。

「ｃあなたは車いすテニスをするお友達のために、いい車いすを作りたいと言いましたね。では②『いい車いす』とは、どんなものだと思いますか？」

この質問にもまた百花は焦った。採用試験のために勉強したから車いす作りの工程はおおむねわかっている。でも『いい車いす』の定義とは何なのか。速いこと？　軽いこと？　丈夫なこと？　どれも重要だが決定的ではない気がして、脈ばかり速くなる。

それでも、この問いかけには、全力で答えなければならない。そう思った。どんなに拙くても、今の自分が持っている精いっぱいの言葉で、自分が作りたいと願う車いすのことを、自分が一緒に働きたいと望むこの人たちに伝えなければならない。

「——その人を、自由にする車いすです」

長い沈黙のあとに口を開いた時、声が少し震えた。こんなにも真剣に言葉を探したことも、こんなにも切実に伝えたいと願ったことも、今までになかった。

「その人が、やりたいことを、やりたい時に、やりたいように

言葉を切ったその時、宝良の姿が（　）裏をよぎった。ポニーテールをひるがえし、手の皮が剝《む》けるまで車いすを走らせ、球を追ってテニスコートを駆けまわる宝良。

ああ、そうだ。23・77×10・97メートルのコート。あの場所でもっと宝良を自由にする車いすを作る。それが、わたしの夢だ。

長机の上で手を重ねた藤沢由利子が、親愛のこもったほほえみを

―私たちも、そんな車いすを作りたいと常に願っています　藤沢の車いすを必要としてくれるすべての人のために」

この面接から三日後、自宅に藤沢製作所の社名入りの封筒が届いた。

百花は震える指で封を開け、採用通知を見た時、玄関先の郵便受けの前で泣いた。

（阿部暁子『パラ・スター〈Side《サイド》　百花〉』による。一部改変）

（注）インターハイ…全国高等学校総合体育大会のこと。　チェアワーク…車いす操作。　グレード…等級。
ブリッジ…眼鏡の左右のレンズをつなぐ部分。　チェアスキル…車いす操作の熟達した技術。

問一　本文中に（　）裏　とあるが、「頭の中」という意味の二字熟語になるように、（　）に当てはまる漢字を楷書で書け。

問二　本文中の‖線を施したa～cの「あなた」のうち、指し示す人物が異なるものを一つ選び、記号を書け。また、選んだ記号の人物が誰を指すのかを本文中から探し、そのまま抜き出して書け。

問三　次の[ ]の中は、本文中の①百花は頭がまっ白になってしまった。について、その理由を整理したものである。[I]に当てはまる内容を、十字以上、十五字以内でまとめて書け。ただし、体言止めを用いて書くこと。

・予想外の質問
・[I]
・こちらを見据えた小田切の視線への気づき

→ 百花は頭がまっ白になってしまった。

問四　次の[ ]の中は、本文中の②『いい車いす』とは、どんなものだと思いますか？の前後における描写についてまとめたものである。[ア]、[イ]に入る内容を本文中から探し、[ア]は七字で、[イ]は十一字で、それぞれ本文中からそのまま抜き出して書け。また、[ウ]に入る内容を、二十字以上、二十五字以内で考えて書け。ただし、**実現**という語句を必ず使うこと。**実現**については、活用させてもよい。

「[ア]」から、動揺せず、安心して自分の考えを述べてほしいという由利子の思いが読み取れる。その思いを感じ取った百花は、自分の考えを全力で由利子に伝えた。百花の言葉を聞いた後のより温かみのある「[イ]」からは、[ウ]という百花の考えが、由利子の常に願っていることと合致したことが読み取れる。

問五　本文の構成や表現の特徴を説明した文として最も適当なものを、次の1～4から一つ選び、番号を書け。

1　回想の場面と現在の場面とを交互に描くことによって、車いす作りに対する百花の今後の夢を明確に述べている。
2　短文を連続して用いることで、緊張して面接に臨みつつも、質問に間髪をいれず答える百花の姿を強調している。
3　比喩と反復の表現を多用することによって、登場人物の言動を強調するとともに百花の人物像を際立たせている。
4　様々な登場人物の会話文を入れたり、百花の心の声を地の文で述べたりすることで、面接の臨場感を表している。

(2) 次は、【文章】を読んで、車いすテニスに興味を持った東さんが調べた【資料】である。これを読んで、後の各問に答えよ。

【資料】

車いすテニスの主なルールと使用するコート

ルールと，使用するコートや道具は，一般のテニスとほとんど同じです。大きく異なるルールは，車いすを使用することを考慮して，「２バウンド以内の返球」が認められていることです。
また，車いすを操作する際には，臀《でん》部を浮かして球を打つこと，足を使ってブレーキや方向転換操作をすること，地面に足をつけることは禁止されています。

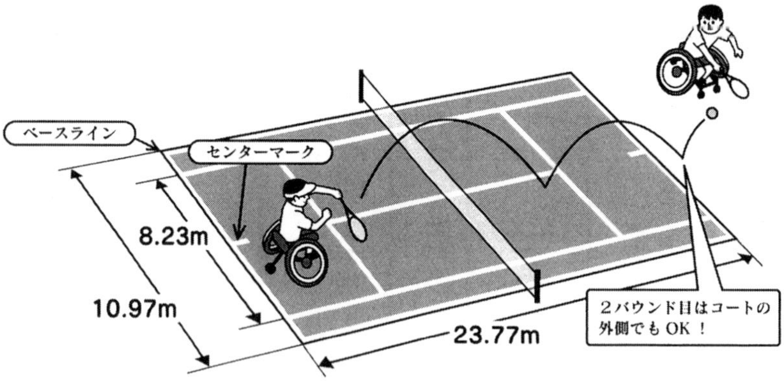

ベースライン
センターマーク
8.23m
10.97m
23.77m
２バウンド目はコートの外側でもOK！

競技用車いす

技術の結晶

使用する車いすは，競技のために，専用に作られたものです。車いすに乗った状態でプレーがしやすいように，さまざまな工夫が見られます。トップ選手の車いすは，シートの厚さや高さ，タイヤの角度，選手の体格などを考えて作られています。

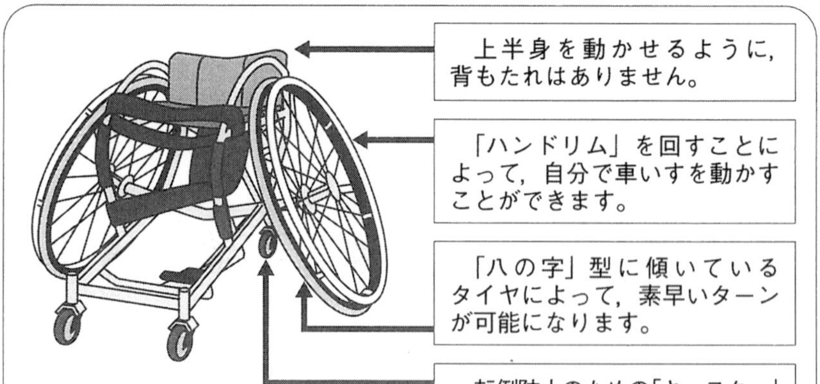

上半身を動かせるように，背もたれはありません。
「ハンドリム」を回すことによって，自分で車いすを動かすことができます。
「八の字」型に傾いているタイヤによって，素早いターンが可能になります。
転倒防止のための「キャスター」を装着しています。

（公益財団法人日本障がい者スポーツ協会「かんたん！車いすテニスガイド」を基に作成）

[1]～[6]の問題に対する解答用紙への記入上の留意点

・ 答えが数または式の場合は，最も簡単な数または式にすること。

・ 答えに根号を使う場合は，$\sqrt{}$ の中を最も小さい整数にすること。

[1] 次の(1)～(9)に答えよ。

(1) $6+3\times(-5)$ を計算せよ。

(2) $3(a-4b)-(2a+5b)$ を計算せよ。

(3) $(\sqrt{18}+\sqrt{14})\div\sqrt{2}$ を計算せよ。

(4) 2次方程式 $(x-2)(x+2)=x+8$ を解け。

(5) yはxに反比例し，$x=2$のとき $y=9$である。
$x=-3$のときのyの値を求めよ。

(6) 箱の中に [1]，[2]，[3]，[4]，[5] の5枚のカードが入っている。この箱から，同時に2枚のカードを取り出すとき，取り出したカードに[3]のカードがふくまれる確率を求めよ。
ただし，どのカードを取り出すことも同様に確からしいとする。

(7) 関数 $y=\frac{1}{4}x^2$ のグラフをかけ。

(8) 右の表は，M中学校の1年生男子のハンドボール投げの記録を度数分布表に整理したものである。
この表をもとに，記録が20m未満の累積相対度数を四捨五入して小数第2位まで求めよ。

階級(m)	度数(人)
以上　未満 5 ～ 10	6
10 ～ 15	9
15 ～ 20	17
20 ～ 25	23
25 ～ 30	5
計	60

(9) ねじがたくさん入っている箱から，30個のねじを取り出し，その全部に印をつけて箱に戻す。その後，この箱から50個のねじを無作為に抽出したところ，印のついたねじは6個であった。
この箱に入っているねじの個数は，およそ何個と推定できるか答えよ。

2　下の**図**は，バスケットボールの試合を15回行ったときの，Ａさんと Ｂさんの２人が，それぞれ1試合ごとにあげた得点をデータとしてまとめ，箱ひげ図に表したものである。

図

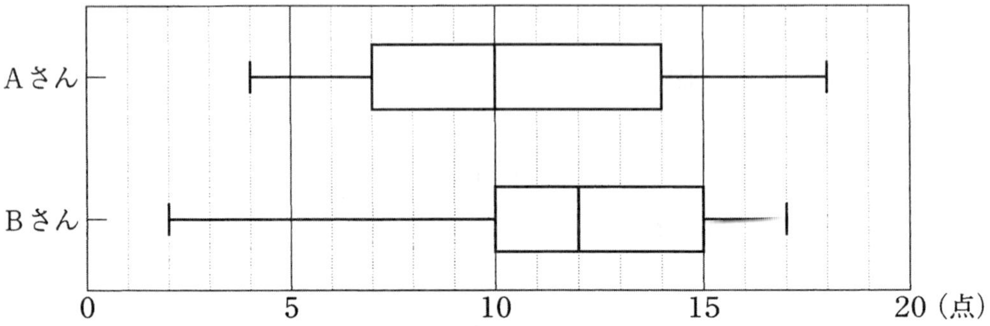

次の(１)，(２)に答えよ。

(１)　**図**から読みとれることとして，正しく述べているものを次の**ア**～**エ**から**全て**選び，記号をかけ。

ア　Ａさんのデータの第１四分位数は，４点である。
イ　Ｂさんのデータの最大値は，17点である。
ウ　10点以上のデータは，ＡさんよりＢさんの方が少ない。
エ　データの範囲は，ＡさんよりＢさんの方が大きい。

(２)　光さんと希さんは，**図**の結果から，次の試合でＡさんとＢさんのどちらがより高い得点をあげるかを予想した。光さんは，データの最大値を用いて，「Ａさんである」と予想したのに対して，希さんは，データの中央値と四分位範囲を用いて，「Ｂさんである」と予想した。

データの中央値と四分位範囲を用いて，「Ｂさんである」と予想できる理由の**説明**を完成させよ。

説明の（　P　）～（　S　）には，あてはまる数をそれぞれかき，［　Ⓩ　］には，ＡさんとＢさんのデータの中央値と四分位範囲について，それぞれ数値の大小を比較した結果をかくこと。

説明

データの中央値は，Ａさんが（　P　）点，Ｂさんが（　Q　）点，
四分位範囲は，Ａさんが（　R　）点，Ｂさんが（　S　）点であり，

［　Ⓩ　］

から。

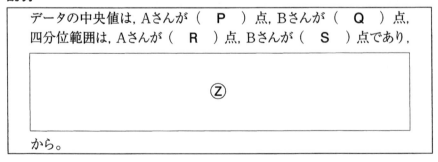

3 **図1**のように，半径がr mの半円2つと，縦の長さが$2r$ m，横の長さがa mの長方形を組み合わせた形の池がある。

また，**図2**のように，半径がa mの半円2つと，縦の長さが$2a$ m，横の長さがr mの長方形を組み合わせた形の池がある。

ただし，$a<r$である。

図1

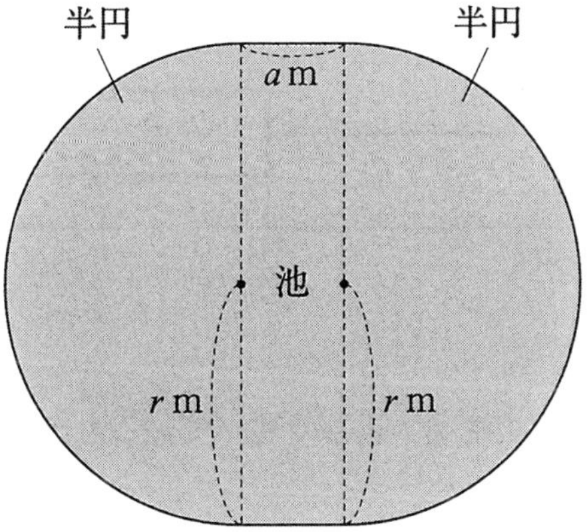

図2

次の(1)，(2)に答えよ。答えに円周率を使う場合は，πで表すこと。

(1) **図1**の池の面積をA m^2，**図2**の池の面積をB m^{2}とするとき，$A-B$をa，rを使って表した式が次の**ア**～**エ**に1つある。それを選び，記号をかけ。

ア $\pi(r^2-2a^2)$　　**イ** $\pi(r+a)^2$

ウ $\pi(r^2-a^2)$　　**エ** $\pi(r-a)^2$

（2） **図 3** のように，**図 1** の池の周囲に，幅2 mの道がついている。このとき，道の面積を S m^2，道のまん中を通る線の長さを ℓ mとする。

図 3

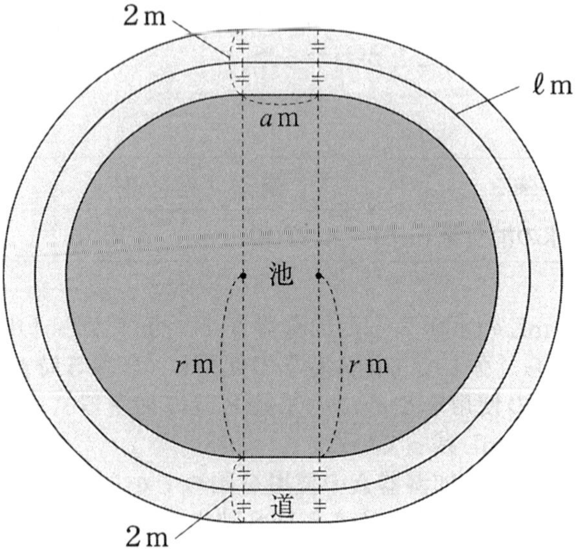

図 3 において，道の面積 S と，道のまん中を通る線の長さ ℓ の関係を表した式は，次のように求めることができる。

> 道の面積 S を，a，r を使った式で表すと，
>
> $S=$ [X] ・・・①
>
> また，道のまん中を通る線の長さ ℓ を，a，r を使った式で表すと，
>
> $\ell=$ [Y] ・・・②
>
> ①，②より，S と ℓ の関係を表した式は，
>
> [Z] である。

[X]，[Y]，[Z] にあてはまる式をそれぞれかけ。

4 室内の乾燥を防ぐため，水を水蒸気にして空気中に放出する電気器具として加湿器がある。

洋太さんの部屋には，「強」「中」「弱」の3段階の強さで使用できる加湿器Aがある。加湿器Aの水の消費量を加湿の強さごとに調べてみると，「強」「中」「弱」のどの強さで使用した場合も，水の消費量は使用した時間に比例し，1時間あたりの水の消費量は**表**のようになることがわかった。

表

加湿の強さ	強	中	弱
1時間あたりの水の消費量(mL)	700	500	300

洋太さんは4200 mL の水が入った加湿器Aを，正午から「中」で午後2時まで使用し，午後2時から「強」で午後5時まで使用し，午後5時から「弱」で使用し，午後8時に加湿器Aの使用をやめた。午後8時に加湿器Aの使用をやめたとき，加湿器Aには水が200 mL 残っていた。

図は，洋太さんが正午に加湿器Aの使用を始めてからx時間後の加湿器Aの水の残りの量をy mL とするとき，正午から午後8時までのxとyの関係をグラフに表したものである。

図

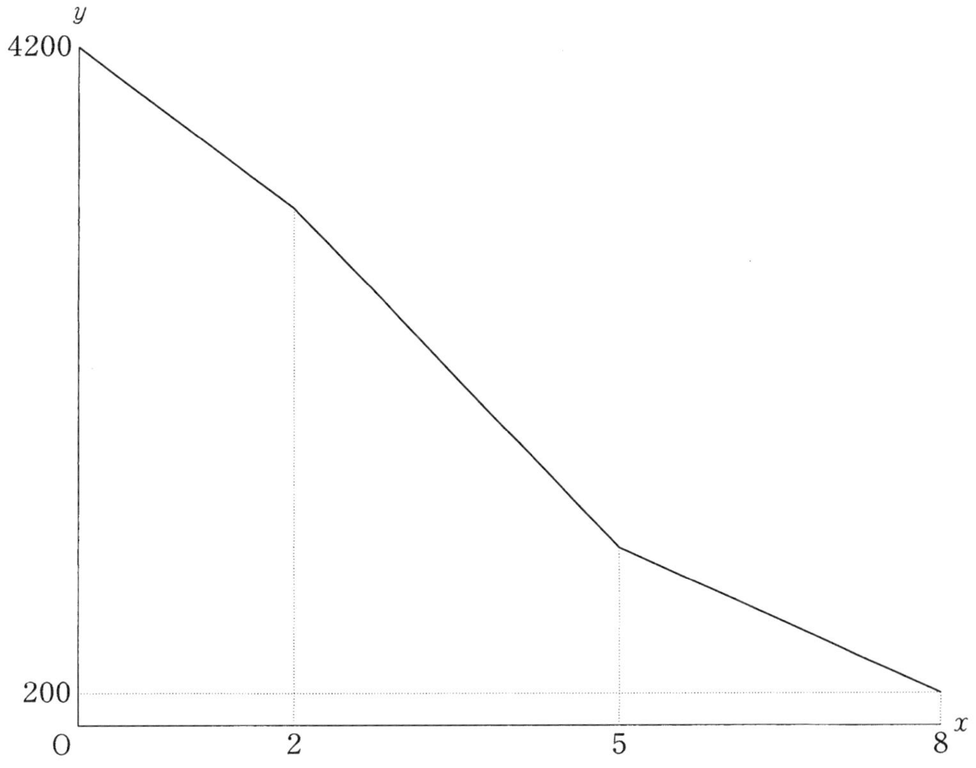

令和４年度学力検査問題

英語リスニングテスト

（15分）

注意

1　問題は，１ページから２ページまであります。

2　開始の合図は放送で指示があります。
放送の指示があるまで，問題用紙を開かないでください。

3　解答は，全て解答用紙の所定の欄に記入してください。

4　解答用紙の※印の欄には，何も記入しないでください。

5　放送の指示があるまで，英語筆記テスト問題冊子は机の中から出さないでください。

放送を聞いて，問題１，問題２，問題３，問題４に答えよ。

問題１　英語の短い質問を聞き，その後に読まれる**ア**，**イ**，**ウ**，**エ**の英語の中から，答えとして最も適当なものを一つずつ選ぶ問題

※**記号**で答えよ。問題は３問ある。

問題２　表を見て，質問に答える問題

※答えとして最も適当なものを**表の中から抜き出して**答えよ。

(1)

Enjoy Your Vacation in 2022!				
Course	A	B	C	D
How long	2 weeks	1 week	1 week	1 week
Where	London	Kyoto	Sydney	Okinawa
What to do				

(2)

Weekend Events at City Animal Park		
Day / Time	Saturday	Sunday
9:00～10:00	Birds	Cats
10:30～11:30		Dogs
13:00～14:00		Birds
14:30～15:30	Dogs	

問題３　健太(Kenta)と友人であるアメリカ人のジェーン(Jane)の対話を聞いて，質問に答える問題

※答えとして最も適当なものを**ア**，**イ**，**ウ**，**エ**の中から一つずつ選び，**記号**で答えよ。

(1) **ア**　Yes, she is.
イ　No, she isn’t.
ウ　Yes, she did.
エ　No, she didn’t.

(2) **ア**　He wants to go shopping with her.
イ　He wants to eat ice cream with her and young Japanese people.
ウ　He wants to go to the museum with her.
エ　He wants to enjoy the popular culture of Tokyo with her.

令和４年度学力検査問題

英語筆記テスト

（40分）

注意

1　放送の指示にしたがって，開始してください。

2　問題は，１ページから５ページまであります。

3　解答は，全て解答用紙の所定の欄に記入してください。

4　解答用紙の※印の欄には，何も記入しないでください。

5　英語筆記テスト中に，英語リスニングテストを見直して，訂正してもかまいません。

6　監督者の終了の合図で筆記用具を置き，解答面を下に向け，広げて机の上に置いてください。

7　解答用紙だけを提出し，英語リスニングテスト問題用紙と英語筆記テスト問題冊子は持ち帰ってください。

2022(R4) 福岡県公立高
K 教英出版

1

次の1～3の各組の対話が成り立つように，[A]～[D]にあてはまる最も適当なものを，それぞれのア～エから一つ選び，記号を書け。

1
Fumiko: Mr. Jones, I received some big news today. Did you hear about Shelly?
Mr. Jones: Big news about Shelly? [A]
Fumiko: She decided to go back to Canada this winter. I'm so sad.
Mr. Jones: Oh, I didn't know that.

A
ア What do you mean?
イ When will you get the news?
ウ OK. Here you are.
エ Of course, you are.

2
Ken: I can't go shopping with you tomorrow. Can we change the day?
Daniel: No problem. When is good for you?
Ken: [B]
Daniel: Sure, that's good because we have club activities in the morning.
Ken: Thanks, Daniel.

B
ア How will the weather be on Saturday?
イ How about next Saturday afternoon?
ウ I will be busy on Saturday morning.
エ I think Saturday is the best for studying.

3
Satoru: Hi, Kacy. Are you going to play in the piano contest next week?
Kacy: Yes, I am. How did you know that?
Satoru: [C] She told me about it then. Are you nervous?
Kacy: I was nervous one month ago, but now I think I will enjoy playing the piano in front of everyone in the hall.
Satoru: Wow! [D] Why can you think that way?
Kacy: Because I practiced many times. Now I believe I can do well.
Satoru: How wonderful!

C
ア My sister didn't know about the contest.
イ I don't know how to play the piano.
ウ Your sister will come to my house tomorrow.
エ I met your sister at the station yesterday.

D
ア If I were you, I couldn't think like that.
イ I know you're still nervous.
ウ I think you worry too much.
エ I wish you could join the contest.

2 次の英文は，トム(Tom)が書いたメールの一部と，裕二(Yuji)と幸(Sachi)が，スミス先生(Ms. Smith)と会話をしている場面である。これらを読んで，後の各問に答えよ。

> Hi Yuji and Sachi,
> I'm writing to you from Australia. ① Thank you for (done / you / since / everything / have) for me in Japan. I especially liked the music class we took. I had a lot of fun when we played the *shamisen* together. I think it's so cool to study traditional music at school. You are still practicing the *shamisen*, right? ② Please (how / tell / you / with / me) have improved your *shamisen* skills since we played together. I will also practice hard here.
> Tom

Yuji: Ms. Smith, we got an e-mail from Tom. It's nice to hear from him so soon.

Ms. Smith: From Tom? Let me see it. Oh, I'm glad that [　　　　].

Yuji: He also sent us this picture. We played the *shamisen* in our music class with Tom.

Ms. Smith: The *shamisen* is a traditional instrument of Japan, right?

Sachi: Yes. We studied it when we learned *kabuki* music.

Ms. Smith: I have seen *kabuki* in Tokyo before. I couldn't understand what the *kabuki* actors were saying, but I understood the story a little from their performances and the music.

Sachi: Really? The *shamisen* is an important instrument of *kabuki* because it helps people understand the feelings of the characters. Our music teacher said so. I understood traditional Japanese music better by playing the *shamisen*.

Yuji: Me, too. I was not so interested in traditional Japanese music at first, [　　　　]. When I practice the *shamisen* more, I think that the sound of the *shamisen* becomes more interesting to me.

Ms. Smith: That's great! Playing the *shamisen* motivated you.

Sachi: Actually, our skills are getting better. We can show you our *shamisen* performance in our culture festival.

Yuji: Sachi, I have an idea! How about asking Tom to play the *shamisen* together in the festival? We can play it together if we use the Internet!

Sachi: How nice! I'm sure that all of us can enjoy our traditional music culture more by playing the *shamisen* together. We can share it with his friends in Australia, too.

Ms. Smith: That's really exciting!

and food.

Jane: Interesting. If I know these things about Edo, I think I can enjoy Tokyo more.
Kenta: I think so, too. It's important to learn about old and new things from a culture when you try to understand it.
Jane: So, we will go to the museum and go shopping.

Question 1 Is Jane excited when she is talking with Kenta?
Question 2 What does Kenta want to do with Jane in Tokyo first?
Question 3 Which is true about Jane?

「２回目」 ――― （繰り返し） ―――

問題４

（２連続音チャイム ○－○）

問題４ を見なさい。

〈問１〉 これから，留学前の奈美が，コンピューターの画面を見ながらオンラインで説明を受けます。それを聞いて，(1)から(3)の質問に答えなさい。(1)は**ア**，**イ**，**ウ**，**エ**の中から一つ選び記号で，(2)はカッコ内にそれぞれ1語の英語で，(3)は4語以上の英語で答えなさい。なお，説明の後には，記入の時間が約40秒ずつあります。それでは始めます。

Hello, everyone. My name is Lyn, a teacher at South High School. You will start to study with us next month. Now, I will talk about three things which you should do before leaving your country.

First, please practice English. This is the most important thing for all of you because you will take your lessons in English. I know you feel nervous, but don't worry. Our students will help you.

Second, you should finish your English homework. You need to make a presentation to introduce your country. You will have presentation time in the first English lesson.

The last thing is about volunteer work. Every Friday afternoon, you will do volunteer work with people living near the school. Please choose one, playing sports with children or cleaning the forests. If you have any questions about the volunteer work, please let us know.

See you soon!

「答えを記入しなさい。」

「２回目」 ――― （繰り返し） ―――

〈問２〉 これから英語で質問と指示をします。その指示にしたがって４語以上の英語で文を書きなさい。なお，質問と指示を２回繰り返した後，記入の時間が約40秒あります。それでは始めます。

What do you want to ask about the volunteer work of South High School? Write one question.

「２回目」 ――― （繰り返し） ―――

「答えを記入しなさい。」

（４連続音チャイム ○－○－○－○）

これで，「英語リスニングテスト」を終わります。筆記用具を机の上に置いて，問題用紙と解答用紙を閉じなさい。なお，この後の筆記テスト中に，見直して，訂正してもかまいません。次に，筆記テスト問題冊子を机の中から取り出し，表紙の注意事項を読みなさい。筆記テスト開始後，ページ数がそろっているか確認しなさい。それでは，筆記テストの解答を始めなさい。

令和４年度学力検査問題

理　科

（50分）

注意

1　監督者の開始の合図があるまで，この問題冊子を開かないでください。

2　問題は，１ページから９ページまであります。

3　解答は，全て解答用紙の所定の欄に記入してください。

4　解答用紙の※印の欄には，何も記入しないでください。

5　監督者の終了の合図で筆記用具を置き，解答面を下に向け，広げて机の上に置いてください。

6　解答用紙だけを提出し，問題冊子は持ち帰ってください。

2022(R4) 福岡県公立高
K 教英出版

1

恵さんは，アブラナの花とマツの花のつくりとはたらきについて調べ，発表するための資料を作成した。**図**はその資料の一部である。**図**の中の**ア**，**イ**は，マツのりん片を表している。

図

アブラナの花とマツの花に共通して見られる特徴

- 胚珠《はいしゅ》と花粉がある
- 受粉をする
- （　A　）

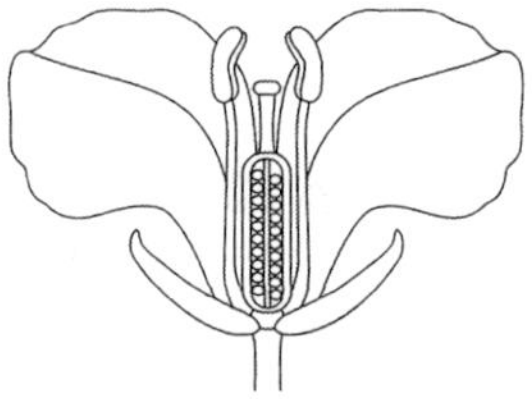

アブラナの花の断面の模式図

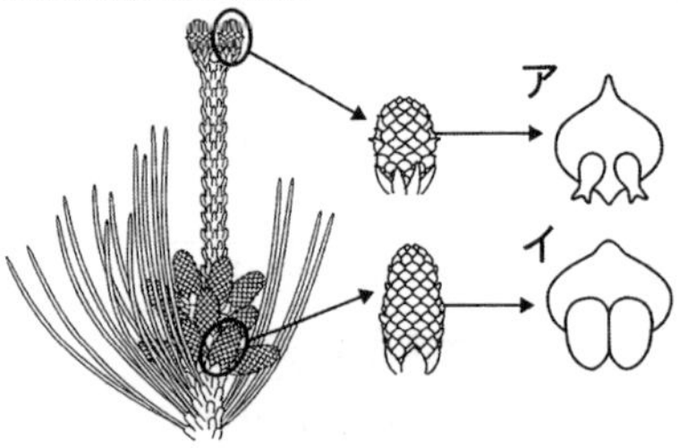

マツの枝先の模式図

アブラナの花だけに見られる特徴

- おしべとめしべがある
- 胚珠は子房の中にある
- 花粉はおしべのやくに入っている
- （　B　）

マツの花だけに見られる特徴

- 雄花と雌花がある
- （　C　）
- 花粉はりん片の花粉のうに入っている

問１　**図**の中の下線部を示す部分を，解答欄の**ア**，**イ**の中で，全てぬりつぶせ。

問２　**図**の中の（A）～（C）にあてはまる特徴として，最も適切なものを，次の１～４からそれぞれ１つずつ選び，番号を書け。

１　胚珠はむき出しになっている　　２　果実をつくる

３　胞子のうがある　　４　種子をつくる

問３　発表後，恵さんは，被子植物が受粉した後の花粉の変化について調べた。下の　　内は，その内容の一部である。文中の（　）にあてはまる内容を，簡潔に書け。

被子植物では，花粉が柱頭につくと，胚珠に向かって（　　）ことにより，花粉の中にある精細胞は胚珠まで運ばれ，精細胞と胚珠の中の卵細胞が受精する。

問４　種子植物を，次の１～４から全て選び，番号を書け。

１　スギナ　　２　イチョウ　　３　イネ　　４　ゼンマイ

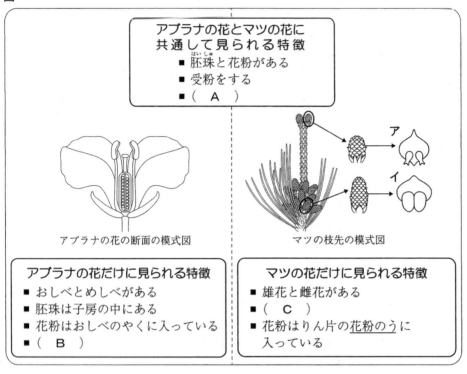

2　デンプンに対するだ液のはたらきを調べる実験を行った。下の□内は，その実験の手順と結果である。

【手順】

① デンプン溶液５mLずつを入れた試験管Ａ～Ｄを用意し，ＡとＢには水２mLを入れ，ＣとＤには水でうすめただ液２mLを入れ，それぞれよく混ぜ合わせる。

② 図１のように，Ａ～Ｄを約40℃の湯に10分間入れる。

③ ＡとＣにヨウ素液を，ＢとＤにベネジクト液を，それぞれ数滴加える。

④ 図２のように，ＢとＤに沸騰石《ふっとうせき》を入れ，試験管を振りながら加熱する。

⑤ Ａ～Ｄに入っている液の変化をそれぞれ記録する。

図１

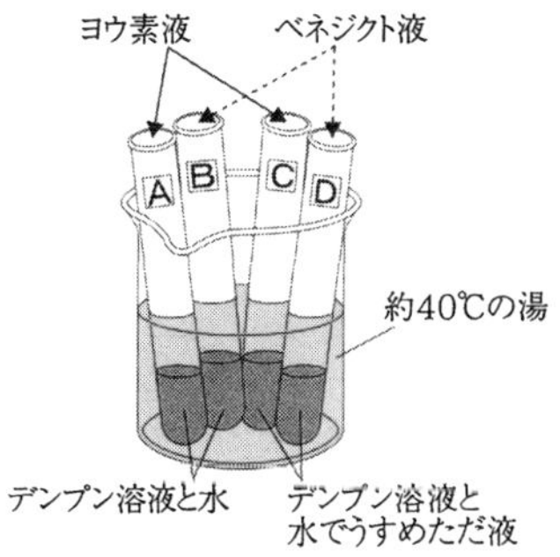

ヨウ素液
ベネジクト液
A
B
C
D
約40℃の湯
デンプン溶液と水
デンプン溶液と水でうすめただ液

【結果】

試験管	液の変化
Ａ	青紫色に変化した
Ｂ	変化しなかった
Ｃ	変化しなかった
Ｄ	赤褐色の沈殿ができた

図２

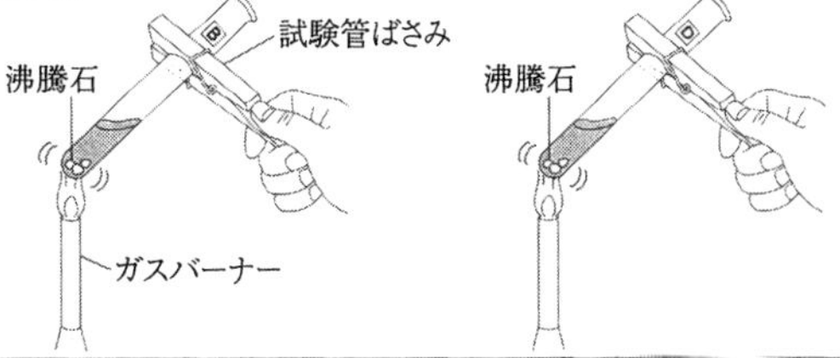

試験管ばさみ
沸騰石
B
ガスバーナー
沸騰石
D

問１　下線部の操作を行う理由を，簡潔に書け。

問２　下の□内は，この実験について考察した内容の一部である。文中のア［（　）と（　）］，イ［（　）と（　）］のそれぞれの（　）にあてはまる試験管を，Ａ～Ｄから選び，記号を書け。

ア［（　）と（　）］の結果を比べると，だ液のはたらきによって，デンプンがなくなることがわかった。また，イ［（　）と（　）］の結果を比べると，だ液のはたらきによって，ベネジクト液に反応する糖ができることがわかった。これらのことから，だ液には，デンプンを分解するはたらきがあると考えられる。

問３　下の□内は，実験後，ヒトが食物から養分をとり入れるしくみについて，生徒が調べた内容の一部である。

だ液，胃液，すい液の中や小腸の壁などにあり，食物の養分を分解するはたらきをもつ物質を（Ｐ）という。（Ｐ）のはたらきによって分解されてできたブドウ糖やアミノ酸は，小腸の柔毛で吸収されて毛細血管に入り，肝臓を通って全身の細胞に運ばれる。

(1)　文中の（Ｐ）に，適切な語句を入れよ。

(2)　文中の下線部について，肝臓のはたらきとして適切なものを，次の１～４から全て選び，番号を書け。

１　ブドウ糖の一部を，グリコーゲンに変えて貯蔵する。
２　血液中から尿素などの不要な物質をとり除く。
３　周期的に収縮する運動によって，全身に血液を送り出す。
４　アミノ酸の一部を，体に必要なタンパク質に変える。

3

化学変化の前後で，物質全体の質量が変化するかどうかを調べる実験を行った。下の□内は，その実験の手順である。

【実験１】

① 図１のように，うすい硫酸20mLとうすい水酸化バリウム水溶液20mLをそれぞれビーカーＡ，Ｂに入れ，全体の質量をはかる。

② Ｂの中のうすい水酸化バリウム水溶液に，Ａの中のうすい硫酸を全て加えて混ぜ合わせ，変化のようすを観察し，Ａ，Ｂを含む全体の質量をはかる。

図１

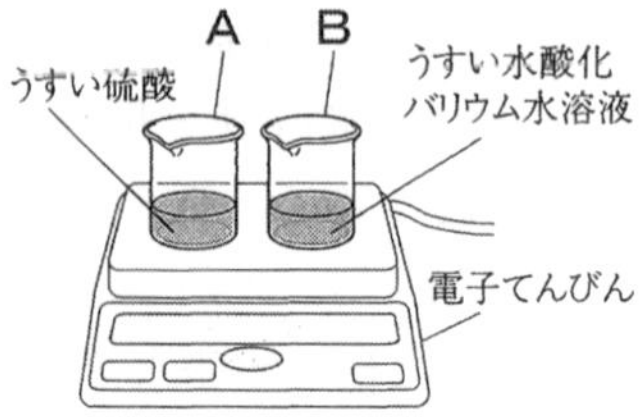

【実験２】

① 図２のように，プラスチック容器にうすい塩酸５mLと炭酸水素ナトリウム１gを別々に入れて密閉し，容器全体の質量をはかる。

② 容器を傾けて，うすい塩酸と炭酸水素ナトリウムを混ぜ合わせて，変化のようすを観察し，反応が終わってから容器全体の質量をはかる。

図２

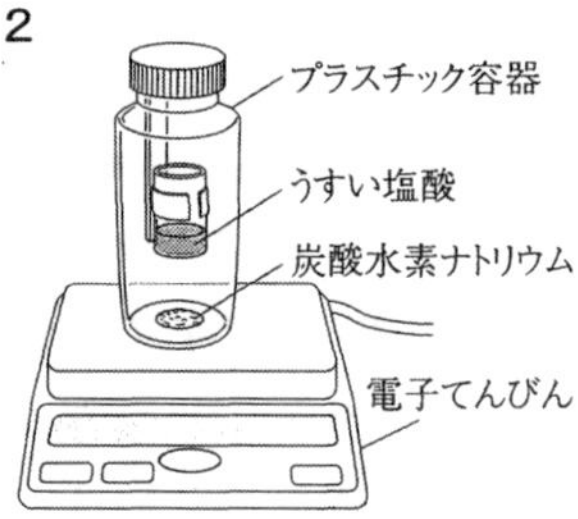

問１　下線部の操作によって，白い沈殿ができた。この操作によって起こった化学変化を，化学反応式で表すとどうなるか。解答欄の図３を完成させよ。

図３

（　　　　）＋（　　　　）→ $BaSO_4$ ＋（　　　　）

問２　下の□内は，実験１，２の結果について説明した内容の一部である。文中の（Ｘ），（Ｙ）にあてはまる語句の正しい組み合わせを，あとの１～４から１つ選び，番号を書け。また，（Ｚ）に，適切な語句を入れよ。

化学変化の前後では，物質をつくる（Ｘ）は変化するが，（Ｙ）は変化しないため，化学変化に関係する物質全体の質量は変化しない。これを（Ｚ）の法則という。

１　Ｘ：原子の種類　　Ｙ：原子の組み合わせと数
２　Ｘ：原子の種類と数　　Ｙ：原子の組み合わせ
３　Ｘ：原子の組み合わせと数　　Ｙ：原子の種類
４　Ｘ：原子の組み合わせ　　Ｙ：原子の種類と数

問３　実験２②の操作の後，容器のふたをゆっくり開けるとプシュッと音がした。その後，再びふたを閉めてから，容器全体の質量をはかった。容器全体の質量は，ふたを開ける前と比べてどうなるか。次の１～３から１つ選び，番号を書け。また，そう判断した理由を，「気体」という語句を用いて，簡潔に書け。

１　増加する　　２　減少する　　３　変化しない

4　ダニエル電池をつくり，電気エネルギーをとり出す実験を行った。下の□内は，その実験の手順と結果である。

【手順】

①　1.5％の硫酸亜鉛水溶液と15％の硫酸銅水溶液を用意する。

②　**図1**のように，中央をセロハンで仕切ったダニエル電池用水槽《すいそう》の一方に硫酸亜鉛水溶液と亜鉛板を入れ，もう一方に硫酸銅水溶液と銅板を入れる。

③　亜鉛板と銅板に電子オルゴールをつなぎ，電子オルゴールが鳴るかどうかで電流の向きを調べる。

④　**図1**の電子オルゴールを，**図2**のプロペラつき光電池用モーターにつなぎかえて，モーターの回り方を調べる。

⑤　電流を流し続けた後，亜鉛板と銅板をとり出し，表面の変化のようすを観察する。

図1

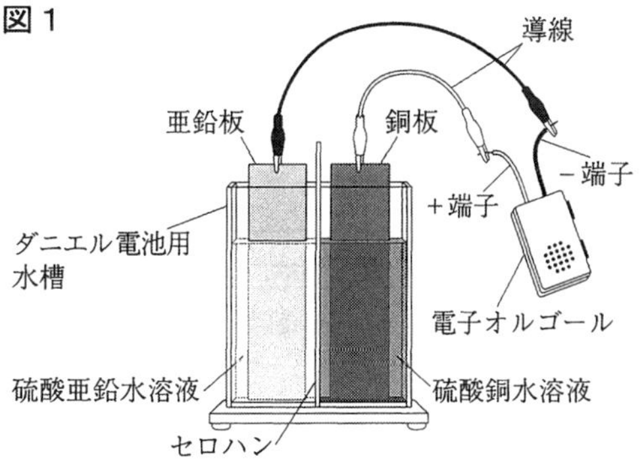

図2

【結果】

電子オルゴール	亜鉛板を－端子に，銅板を＋端子に接続したとき音が鳴った。 亜鉛板を＋端子に，銅板を－端子に接続したとき音は鳴らなかった。
プロペラつき光電池用モーター	モーターは回転した。金属板をつなぎかえると，回る向きが逆になった。
電流を流し続けた後のようす	亜鉛板の表面は凹凸ができて黒くなっていた。銅板の表面に赤い物質が付着していた。

問1　下は，ダニエル電池のしくみについて考察しているときの，花さんと健さんと先生の会話の一部である。

先生：結果からどのようなことがわかりますか。

花さん：電子オルゴールが鳴ったり，モーターが回転したりしたことから，ダニエル電池によって電気エネルギーをとり出せることがわかりました。

健さん：電流を流し続けた後，亜鉛板と銅板の表面に変化がみられたことから，化学変化が起こっていることがわかります。

先生：そうですね。それでは，亜鉛板と銅板の表面では，それぞれどのような化学変化が起こっているのか考えてみましょう。

令和４年度学力検査問題

社　会

（50分）

注意

1　監督者の開始の合図があるまで，この問題冊子を開かないでください。

2　問題は，１ページから９ページまであります。

3　解答は，全て解答用紙の所定の欄に記入してください。

4　解答用紙の※印の欄には，何も記入しないでください。

5　監督者の終了の合図で筆記用具を置き，解答面を下に向け，広げて机の上に置いてください。

6　解答用紙だけを提出し，問題冊子は持ち帰ってください。

1　花子さんは，わが国の古代から近代の各時代の特色について，政治と人々のくらしをカードにまとめた。カードをみて，各問に答えよ。

〈カード〉

古代	中世	近世	近代
○　①律令《りつりょう》に基づいた政治が行われた。 ○〔　ア　〕	○　②武士による支配のしくみが整えられた。 ○〔　イ　〕	○　③幕府による大名支配のしくみが整えられた。 ○〔　X　〕	○　アジアで最初の④立憲《りっけん》制国家となった。 ○〔　ウ　〕

問1　下の□内は，下線部①についてまとめたものである。（　）にあてはまる人物を，次の**1**～**4**から一つ選び，番号を書け。

> 壬申《じんしん》の乱に勝利した（　）は，天皇《てんのう》を中心とする国家の建設をすすめた。

1　聖武《しょうむ》天皇　　**2**　天武《てんむ》天皇　　**3**　桓武《かんむ》天皇　　**4**　藤原道長《ふじわらのみちなが》

問2　下の□内は，下線部②についてまとめたものである。（㋑）と（㋺）にあてはまる語句を書け。

> 将軍《しょうぐん》が御家人《ごけにん》に領地《りょうち》の支配を認め，守護《しゅご》や地頭《じとう》に任命するという（㋑）と，御家人が京都や鎌倉を警備し，合戦に参加するという（㋺）の主従《しゅじゅう》関係をもとに，幕府の支配のしくみが成り立っていた。

問3　花子さんは，下線部③に関する資料Ⅰを作成した。資料Ⅰと最も関係が深い制度を何というか，語句で答えよ。

〈資料Ⅰ〉福岡藩《はん》の総支出の内訳（1773年）

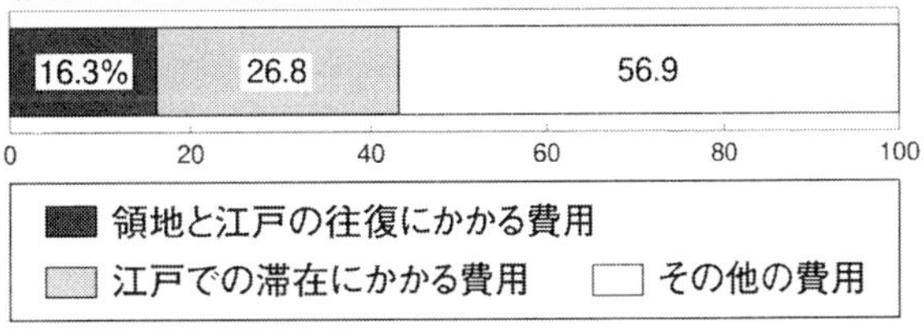
16.3%
26.8
56.9
0
20
40
60
80
100(%)
領地と江戸の往復にかかる費用
江戸での滞在にかかる費用
その他の費用

（「福岡県史」から作成）

問4　下線部④に関する次の**1**～**4**のできごとを，年代の古い方から順に並べ，番号で答えよ。

1　大日本帝国《ていこく》憲法が発布された。　　**2**　内閣制度が創設された。
3　五箇条《ごかじょう》の御誓文《ごせいもん》が出された。　　**4**　民撰議院《みんせんぎいん》設立建白書が提出された。

問5　古代から近代の人々のくらしについて，(1)，(2)に答えよ。

(1)　カードの〔　ア　〕～〔　ウ　〕には，次の**1**～**4**のできごとがあてはまる。〔　ア　〕～〔　ウ　〕にあてはまるものを，**1**～**4**からそれぞれ一つ選び，番号を書け。

1　名主《なぬし》（庄屋《しょうや》）・組頭《くみがしら》・百姓代《ひゃくしょうだい》などの村役人が，年貢納入の責任を負った。
2　惣《そう》とよばれる自治組織がつくられ，寄合《よりあい》を開いて村の掟《おきて》が定められた。
3　６歳以上の人々には口分田《くぶんでん》が与えられ，税や労役が課された。
4　土地を所有する権利が認められ，土地の所有者には地券《ちけん》が発行された。

(2)　花子さんは近世の社会の様子に興味をもち，資料Ⅱをもとに，カードの〔　X　〕に農村の変化をまとめた。〔　X　〕にあてはまる内容を，「自給自足に近い生活から，」の書き出しで，「商品作物」と「購入」の語句を使って書け。

〈資料Ⅱ〉近世の農村の様子

> ○　百姓は，菜種《なたね》を作り，それを売って肥料代などにあてるのである。
> ○　百姓も，日頃の買い物は，銭《ぜに》で支払いをすませるようになった。

（大蔵永常《おおくらながつね》「広益国産考《こうえきこくさんこう》」，荻生徂徠《おぎゅうそらい》「政談」から作成）

2　勇平さんは，わが国で新しい紙幣が発行されることを知り，紙幣に新しく描かれる人物と過去に描かれた人物について，カードにまとめた。カードをみて，各問に答えよ。

〈カード〉

①文化の発展に貢献した人		経済の発展に貢献した人	国際関係の発展に貢献した人
（人物の写真）	（人物の写真）	（人物の写真）	（人物の写真）
津田梅子《つだうめこ》	（A）	渋沢栄一《しぶさわえいいち》	新渡戸稲造《にとべいなぞう》
学校教育が普及する中，女子教育の発展に尽力し，女子英学塾を設立した。	破傷風《はしょうふう》の血清療法《けっせいりょうほう》の発見など，世界的にも最先端の研究を行った。	銀行業や②紡績《ぼうせき》業など，様々な業種で，数百の企業の設立に関わった。	事務局次長として活躍した③国際連盟の平和の理念は④国際連合に受け継がれた。

問１　下の□内は，勇平さんが下線部①について調べ，まとめたものの一部である。㋐の（　）にはあてはまるものを，㋑の（　）にはカードの（A）にあてはまる人物を，それぞれ一つ選び，記号を書け。

> 全国に小学校を設立する㋐（a　学制《がくせい》，　b　教育勅語《ちょくご》）が定められ，日露戦争後には就学率が100%に近づいた。教育の広がりを背景に近代文化が発展し，㋑（c　夏目漱石《なつめそうせき》，　d　北里柴三郎《きたさとしばさぶろう》）など，すぐれた科学者が活躍した。

問２　下線部②について，資料Ⅰにみられる変化を輸出量と輸入量に着目して書け。また，その変化の理由の一つを，資料Ⅰから読み取り，「軽工業」の語句を使って書け。

〈資料Ⅰ〉わが国の綿糸の生産量と輸出入量の変化

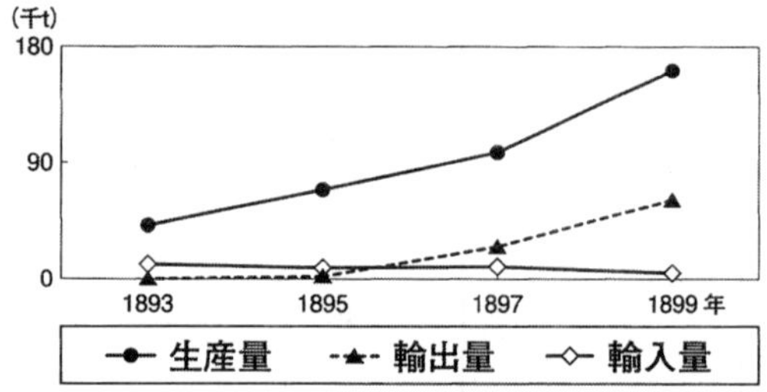

（「日本長期統計総覧」から作成）

問３　下の□内は，下線部③について説明したものである。（㋑）にあてはまる語句を書け。また，㋺の（　）にあてはまる人物を一つ選び，記号を書け。

> 第一次世界大戦後に開かれた講和会議の後，（㋑）条約が結ばれた。この講和会議で㋺（あ　ウィルソン，　い　レーニン）が提案し，国際連盟の設立が決定された。

問４　下線部④について，資料ⅡのV～Zは，アジア州，アフリカ州，オセアニア州，南北アメリカ州，ヨーロッパ州（旧ソ連を含む）のいずれかを示している。アフリカ州にあてはまるものを一つ選び，記号を書け。また，資料Ⅱのようにアフリカ州の国際連合の加盟国数が変化した主な理由を書け。

〈資料Ⅱ〉国際連合の加盟国数の変化

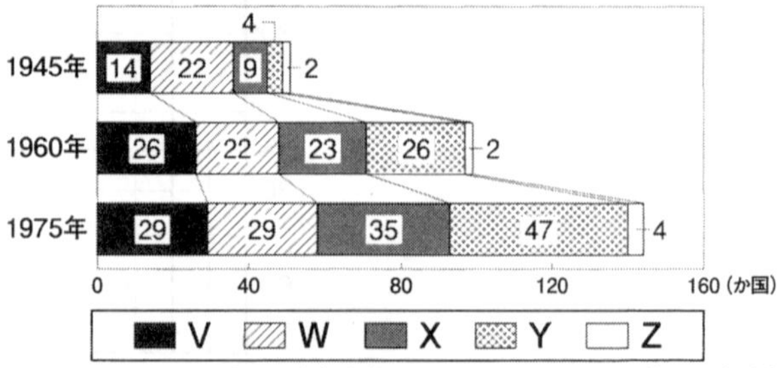

（国際連合広報センターホームページ等から作成）

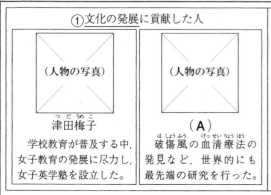

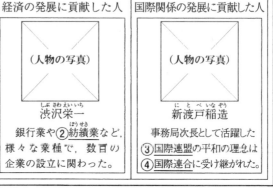

3　次郎さんは，世界の州や国の特色を調べ，資料集を作成した。略地図の**a**～**f**は，世界の六つの州を示し，表の６か国は，それぞれの州の で示した国である。資料集をみて，各問に答えよ。

〈資料集〉

〈略地図〉

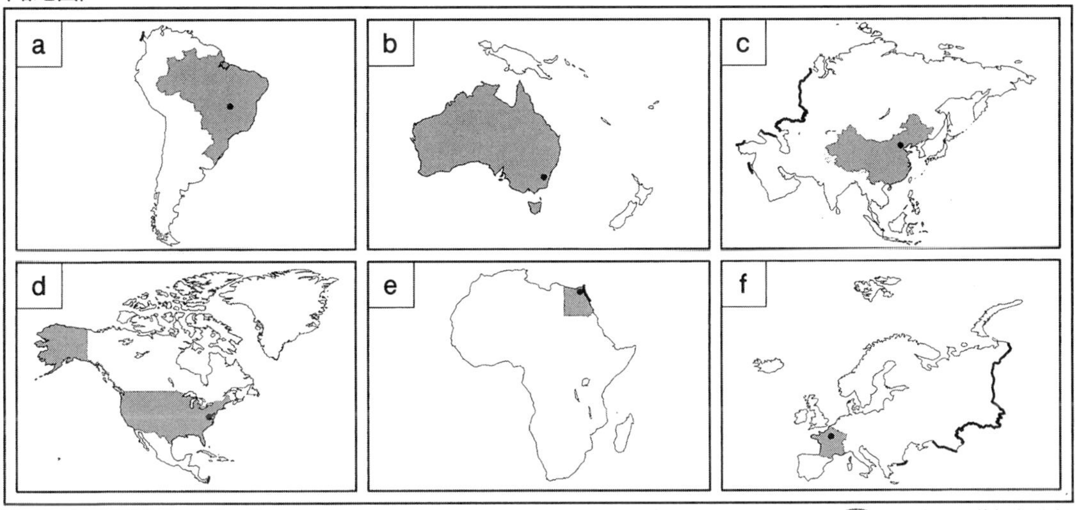

a～fの図法，縮尺は同じではない。～は州境を示す。a～fの•は，それぞれの で示す国の首都を示す。

〈表〉

州・国 ＼ 項目		面積（万km²）	人口（百万人）	P（万t）	Q（万t）	R（万t）	日本への輸出額第１位の品目
		2020年	2020年	2019年	2019年	2019年	2017年
a	ブラジル	852	213	560	11 427	1 037	鉄鉱石
b	オーストラリア	769	26	1 760	2	7	石炭
c	中国	960	1 439	13 360	1 572	20 961	電気機器
d	アメリカ	983	331	5 226	9 679	838	一般機械
e	エジプト	100	102	900	4	669	液化天然ガス
f	フランス	64	68	4 061	43	8	医薬品

（2021/22年版「世界国勢図会」等から作成）

問１　図の**1**～**6**は，表の６か国の首都の位置を示している。ブラジルとフランスの首都の位置を，**1**～**6**からそれぞれ一つ選び，番号を書け。

〈図〉

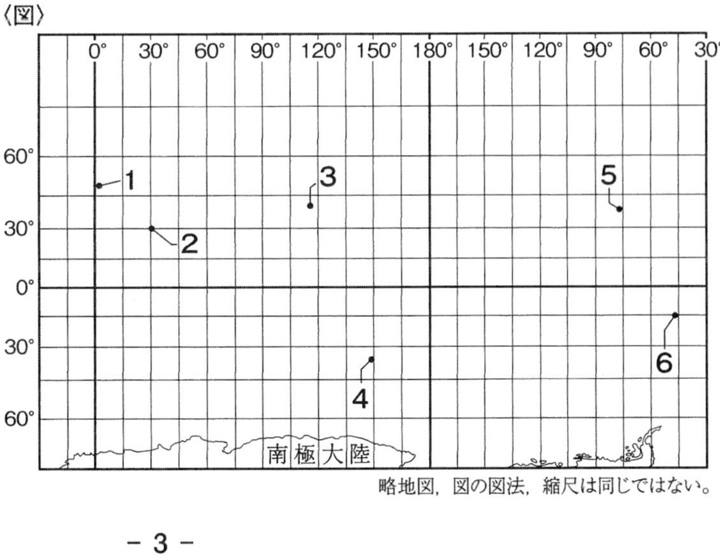

略地図，図の図法，縮尺は同じではない。

問２　資料Ⅰの**W**～**Z**には，**a**～**f**の州のうちヨーロッパ州と南アメリカ州以外の州があてはまる。**b**の州にあてはまるものを，**W**～**Z**から一つ選び，記号を書け。

〈資料Ⅰ〉人口，面積の州別の割合（2020年）

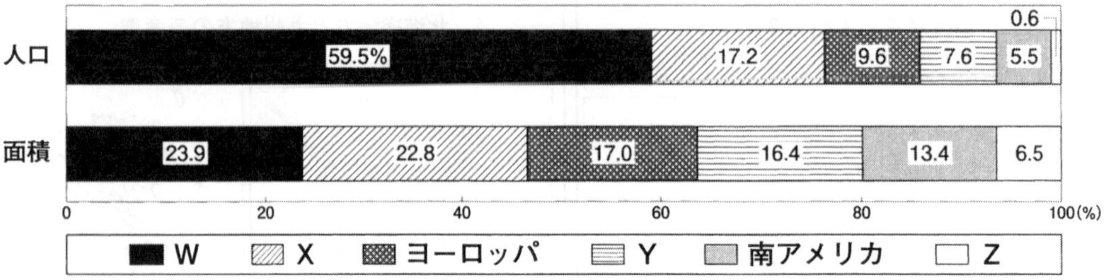

（2022年版「データブック オブ・ザ・ワールド」から作成）

問３　表の**P**～**R**は，米，小麦，大豆のいずれかの生産量を示している。米と大豆を示すものを，**P**～**R**からそれぞれ一つ選び，記号を書け。

問４　下の□内は，次郎さんが，中国の工業の特色について調べ，説明したものである。〔　　〕にあてはまる内容を，「経済特区」と「受け入れる」の語句を使って書け。また，資料Ⅱ，Ⅲの**ア**～**カ**は，表の６か国のいずれかを示す。中国にあてはまるものを一つ選び，記号を書け。

> 中国は，〔　　〕など，工業化を進めてきたが，沿岸の都市部と内陸の農村部との経済格差が，大きくなっているという課題がある。

〈資料Ⅱ〉６か国の輸出総額に占める割合の第１位の品目と輸出総額の変化

項目／国	1987年		2017年	
	輸出品目第1位〈輸出総額に占める割合〉	輸出総額（百万ドル）	輸出品目第1位〈輸出総額に占める割合〉	輸出総額（百万ドル）
ア	繊維《せんい》品〈26.9%〉	2 037	野菜・果実〈10.6%〉	25 943
イ	機械類〈10.1%〉	26 229	大　豆〈11.8%〉	217 739
ウ	機械類〈28.4%〉	245 421	機械類〈24.9%〉	1 545 609
エ	機械類〈20.6%〉	143 401	機械類〈19.8%〉	523 385
オ	繊維品〈15.1%〉	39 437	機械類〈43.3%〉	2 263 371
カ	石　炭〈13.4%〉	26 486	鉄鉱石〈21.1%〉	230 163

〈資料Ⅲ〉６か国の国内総生産と一人あたり国内総生産（2017年）

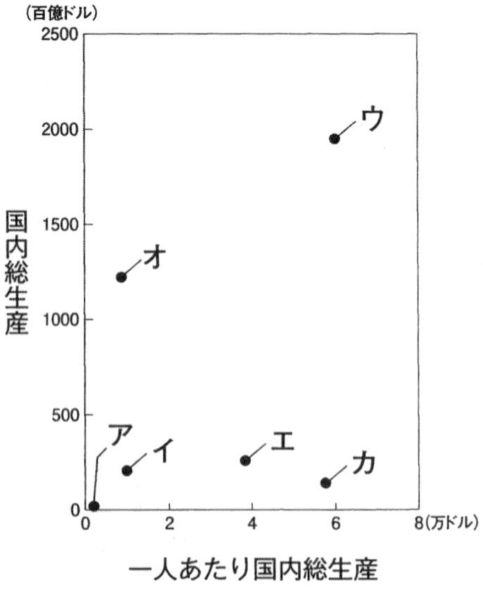

（資料Ⅱ，Ⅲは，2019/20年版「世界国勢図会」等から作成）

4 　洋一さんは，日本の様々な地域の特色について調べ，資料集を作成した。資料集をみて，各問に答えよ。

〈資料集〉

都道府県の人口の変化

〈資料Ⅰ〉1980年と比較した2020年の人口の増減

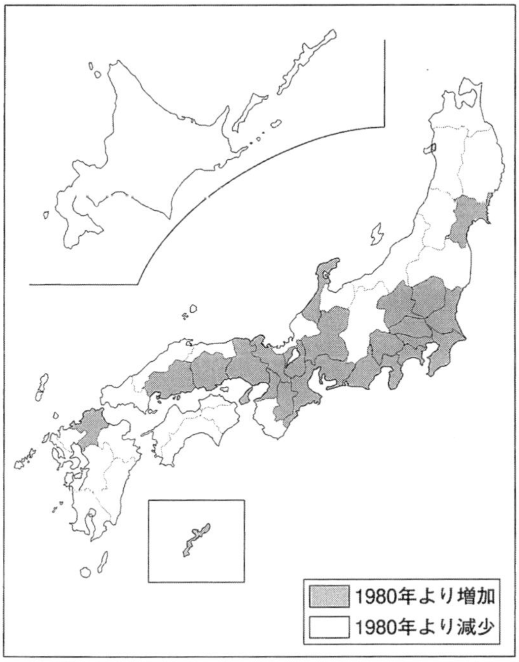

1980年より増加
1980年より減少

（総務省ホームページから作成）

北海道地方と九州地方の畜産業

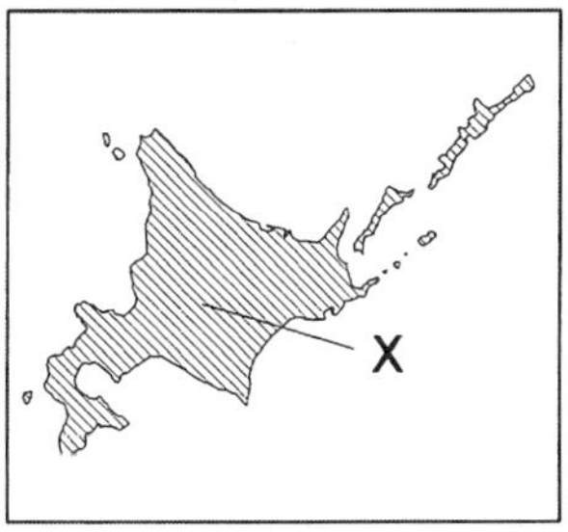

X

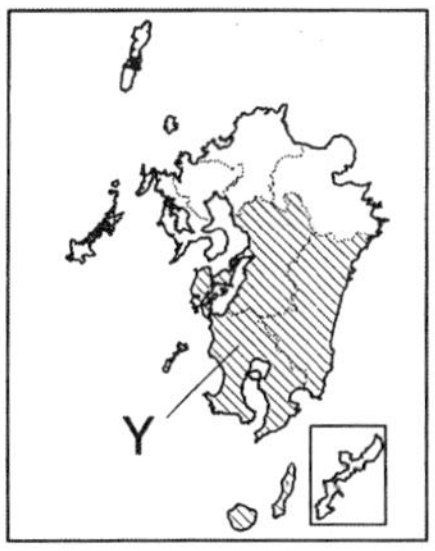

Y

〈資料Ⅱ〉豚と乳牛の飼育頭数の割合（2019年）

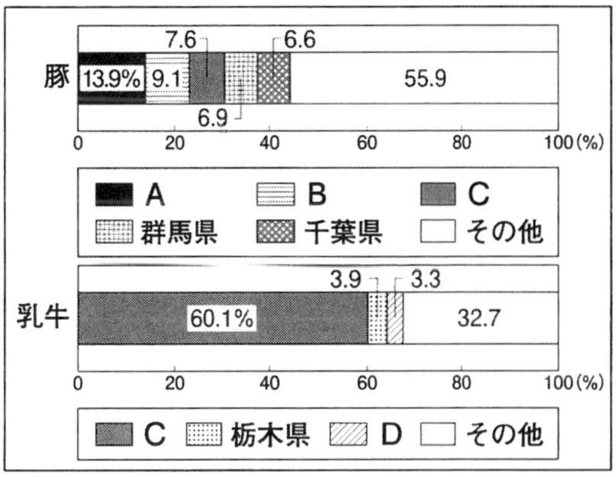

豚
13.9%
9.1
7.6
6.9
6.6
55.9
0
20
40
60
80
100(%)
A
B
C
群馬県
千葉県
その他
乳牛
60.1%
3.9
3.3
32.7
0
20
40
60
80
100(%)
C
栃木県
D
その他

（2021年版「データでみる県勢」等から作成）

中部地方と中国・四国地方の自然環境と農業

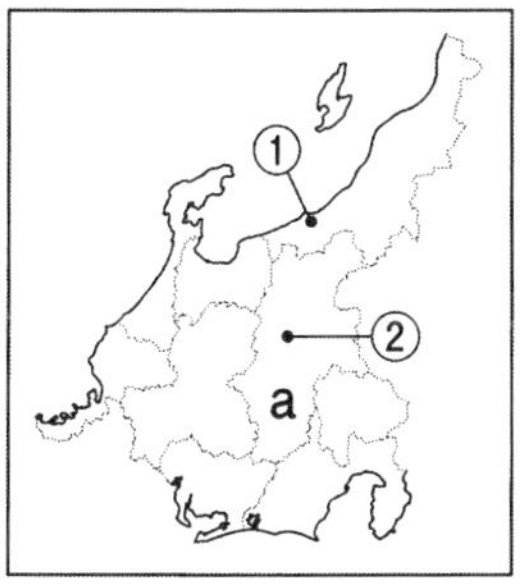

①
②
a

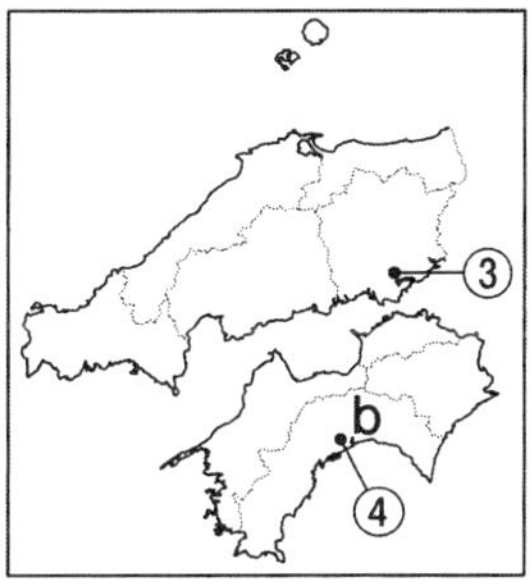

③
b
④

〈資料Ⅲ〉①～④の都市の月平均気温と月降水量

都市＼項目	月平均気温(℃)		月降水量(mm)	
	1月	7月	1月	7月
あ	6.3	26.7	58.6	328.3
い	-0.4	23.6	35.9	138.4
う	4.9	27.2	34.2	160.9
え	2.4	24.6	419.1	210.6

（令和３年「理科年表」から作成）

〈資料Ⅳ〉東京都中央卸売市場へのレタスとなすの出荷量（2019年）

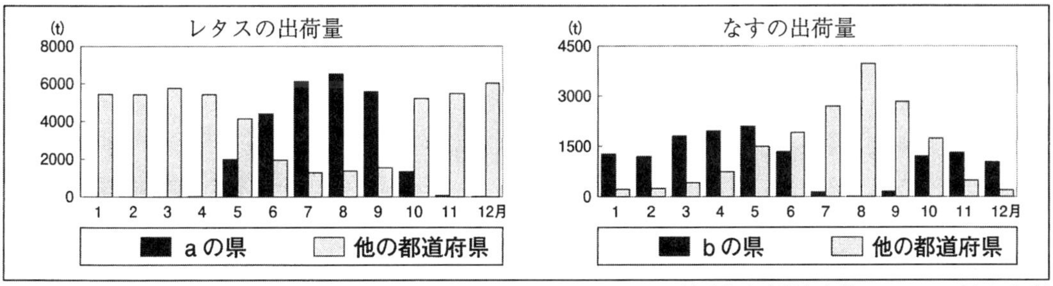

レタスの出荷量
(t)
8000
6000
4000
2000
0
1 2 3 4 5 6 7 8 9 10 11 12月
aの県
他の都道府県
なすの出荷量
(t)
4500
3000
1500
0
1 2 3 4 5 6 7 8 9 10 11 12月
bの県
他の都道府県

（東京都中央卸売市場ホームページから作成）

資料Ⅰ，略地図の図法，縮尺は同じではない。

三

問一

問二

人遺リ一瓢ヲ

問三

問四

問五

(1) ア

イ

(2) ウ

問一. 1点
問二. 1点
問三. 2点
問四. 2点
問五. 2点×3

四

15点

※

※

※

※

※

得点

※60点満点

受検番号

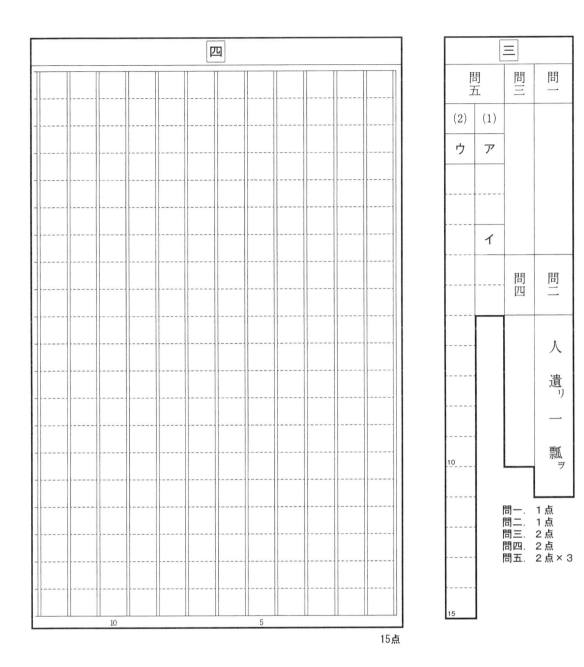

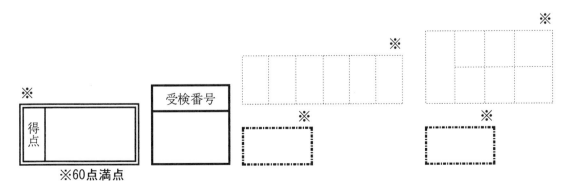

令和４年度学力検査解答用紙

数　学

受検番号
氏　名

・　この用紙の内側に解答欄があります。
・　監督者の指示があったら，この用紙を冊子から取りはずし，受検番号，氏名を記入してください。なお，受検番号を記入する欄は，内側にもあります。
・　受検番号，氏名の記入が終わったら，この用紙を二つ折りにして，静かに開始の合図を待ってください。

1	(1)		(7)	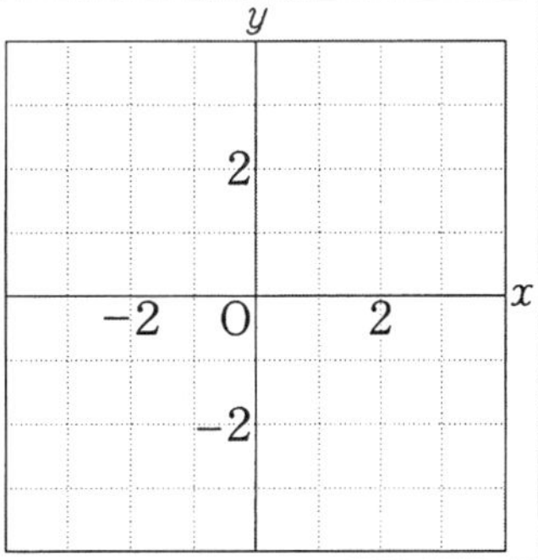
	(2)			
	(3)			
	(4)	$x=$　　　　,　$x=$		
	(5)	$y=$	(8)	
	(6)		(9)	およそ　　　　　個

※

※

2	(1)								
	(2)	P		Q		R		S	
		Ⓩ							

※

※

3	(1)		
	(2)	X	
		Y	
		Z	

※

※

1　2点×9（(4)は完答）
2　(1)完答2点　(2)P，Q．完答1点　R，S．完答1点　Ⓩ2点
3　(1)2点　(2)X．2点　Y．2点　Z．1点

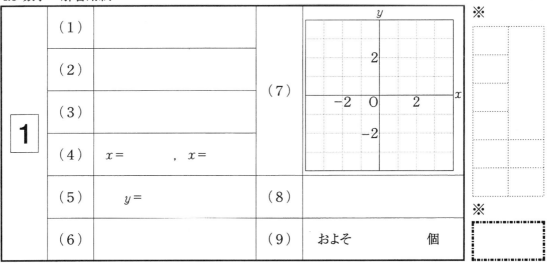

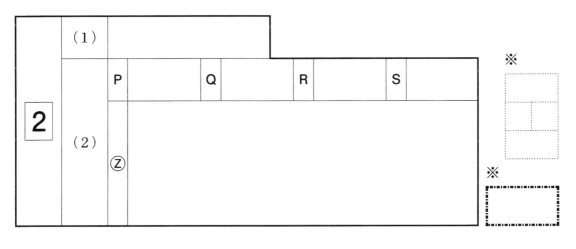

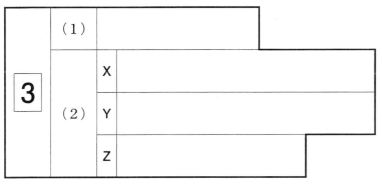

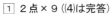

令和４年度学力検査解答用紙

英　語

受検番号
氏　名

・　この用紙の内側に解答欄があります。
・　監督者の指示にしたがって，この用紙と英語リスニングテスト問題用紙を冊子から取りはずし，英語筆記テスト問題冊子は机の中に入れてください。
・　監督者の指示があったら，受検番号，氏名を記入してください。なお，受検番号を記入する欄は，内側にもあります。
・　受検番号，氏名の記入が終わったら，この用紙を二つ折りにして，静かに放送を待ってください。

英語リスニングテスト

問題 1	(1)		(2)		(3)	
問題 2	(1)		(2)			
問題 3	(1)		(2)		(3)	
問題 4	問 1	(1)				
		(2)	She needs to talk about ( ) ( ).			
		(3)				
	問 2					

※　※　※

問題 1　1 点 × 3　問題 2　1 点 × 2　問題 3　2 点 × 3

問題 4　問 1．(1) 1 点　(2) 2 点　(3) 3 点　問 2．3 点

英語筆記テスト

1	A		B		C		D	

※

2 点 × 4

2	問 1	①	
		②	
	問 2		
	問 3		
	問 4		

2 点 × 5

※　※

令和４年度学力検査解答用紙

理　科

受検番号
氏　名

・　この用紙の内側に解答欄があります。
・　監督者の指示があったら，この用紙を冊子から取りはずし，受検番号，氏名を記入してください。なお，受検番号を記入する欄は，内側にもあります。
・　受検番号，氏名の記入が終わったら，この用紙を二つ折りにして，静かに開始の合図を待ってください。

4.3 理科　解答用紙

1

問1	ア  イ 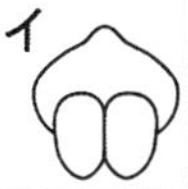	問2	A　　B　　C
		問3	
		問4	

問1．２点
問2．完答２点
問3．２点
問4．完答２点

※

2

問1	
問2	ア　（　　　）と（　　　）　イ　（　　　）と（　　　）
問3	(1)　　　(2)

問1．２点
問2．完答２点
問3．(1)１点
(2)２点

※

3

問1	図３ （　　　　）＋（　　　　）→ $BaSO_4$ ＋（　　　　）
問2	番号　　　Z
問3	番号　　　理由

問1．２点
問2．番号…２点　Z．１点
問3．完答２点

※

4

問1	(1)	
	(2)	図３ （　　　）＋（　　　）→ Cu
	(3)	
問2		エネルギー
問3		

問1．２点×３
問2．１点
問3．１点

※

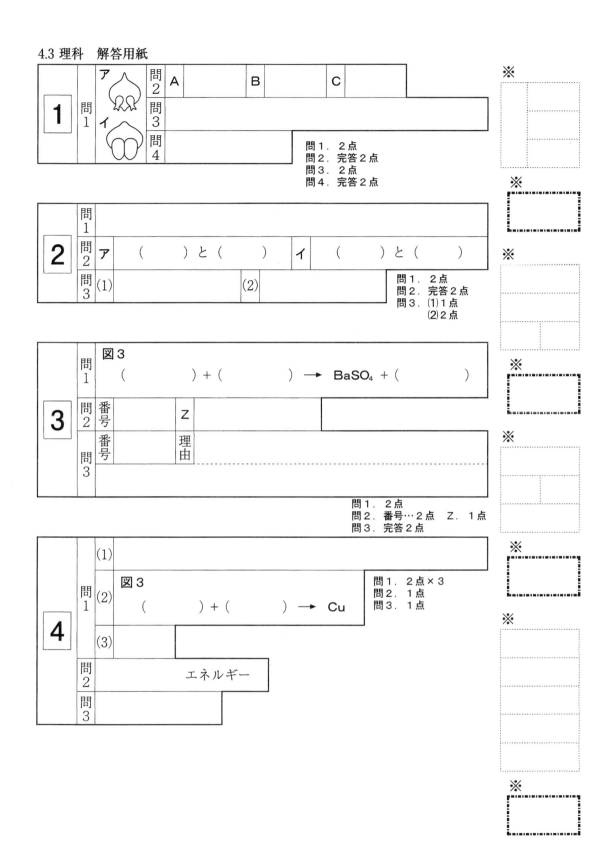

令和４年度学力検査解答用紙

社　会

受検番号
氏　名

・　この用紙の内側に解答欄があります。
・　監督者の指示があったら，この用紙を冊子から取りはずし，受検番号，氏名を記入してください。なお，受検番号を記入する欄は，内側にもあります。
・　受検番号，氏名の記入が終わったら，この用紙を二つ折りにして，静かに開始の合図を待ってください。

4.3 社会　解答用紙

２点×６
(問２，問４，問５(1)は完答)

1	問１					
	問２	㋑		㋺		
	問３					
	問４	→ → →				
	問５	(1)	ア		イ		ウ	
		(2)	自給自足に近い生活から，			

※

※

問１．完答２点
問２．完答２点
問３．１点×２
問４．完答２点

2	問１	あ		い	
	問２	変化			
		理由			
	問３	㋑		㋺	
	問４	記号			
		理由			

※

※

問１．１点×２
問２．２点
問３．完答２点
問４．２点×２

3	問１	ブラジル		フランス	
	問２				
	問３	米		大豆	
	問４	内容			
		記号			

※

※

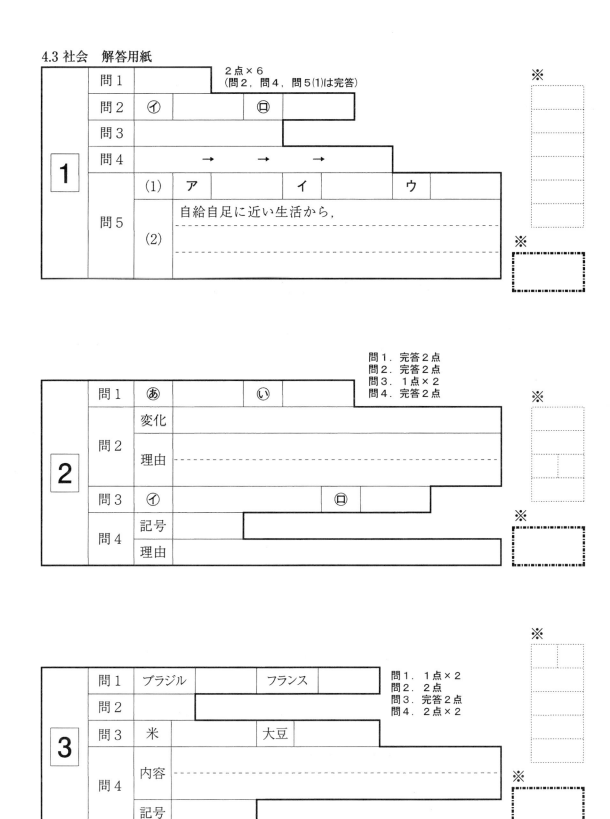

4

問１	地方	地方		
問２	X		Y	
問３	⑴			
	⑵			
問４	⑴			
	⑵		分布	分布の特徴
		ＩＣ（集積回路）工場		
		石油化学コンビナート		

問１．１点×２
問２．完答２点
問３．⑴１点
⑵２点
問４．⑴１点
⑵完答１点×２

※

※

5

問１	㋐		㋑			
問２	Ⓧ					
	Ⓨ					
問３	X			あ		
問４	㋑		㋺		㋩	
問５						
問６	記号					
	理由					

問１．完答２点
問２．Ⓧ２点
Ⓨ１点
問３．完答２点
問４．完答２点
問５．２点
問６．完答３点

※

※

6

問１		
問２	イ	
	ウ	

※

※

問１．３点
問２．イ．２点
ウ．１点

受検番号

※

得点	

※60点満点

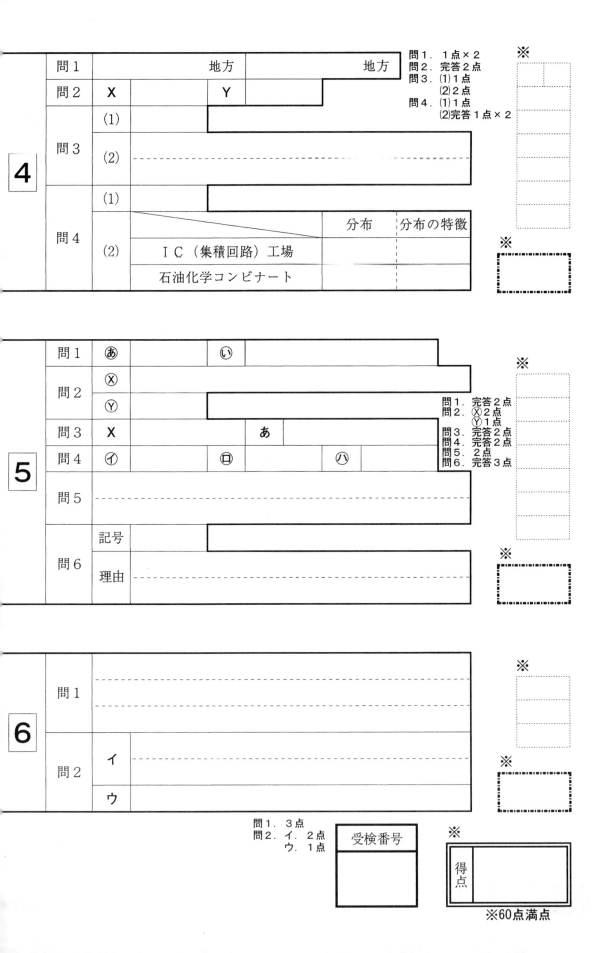

5

問1	(1)			
	(2)			
問2	湿度	%	水蒸気量	g

問1．(1)2点
(2)1点
問2．完答3点

※

6

問1．名称…1点　理由…2点
問2．2点
問3．(1)完答2点
(2)2点

問1	名称				
	理由			問2	
問3	(1)	①		②	
	(2)				

※

※

7

問1．完答3点
問2．(1)1点
(2)完答2点
(3)1点

※

問1

図2

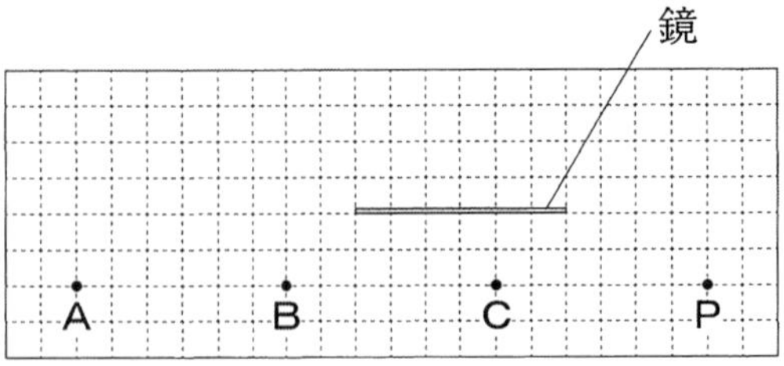

鏡
A
B
C
P

鏡にうつって見えるつまようじの本数　(　　)本

問2	(1)		(2)	①		②		現象	

※

※

8

2点×4
(問3は完答)

※

問1

図2

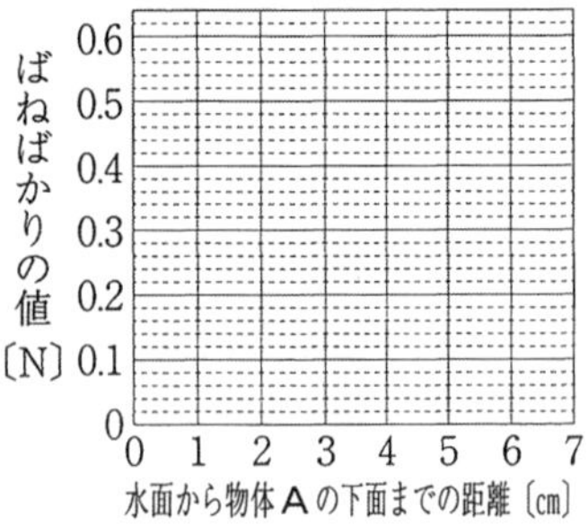

ばねばかりの値〔N〕
0.6
0.5
0.4
0.3
0.2
0.1
0
0 1 2 3 4 5 6 7
水面から物体Aの下面までの距離〔cm〕

問2		N
問3	①	
	②	
問4		Pa

※

受検番号

※

得点	

※60点満点

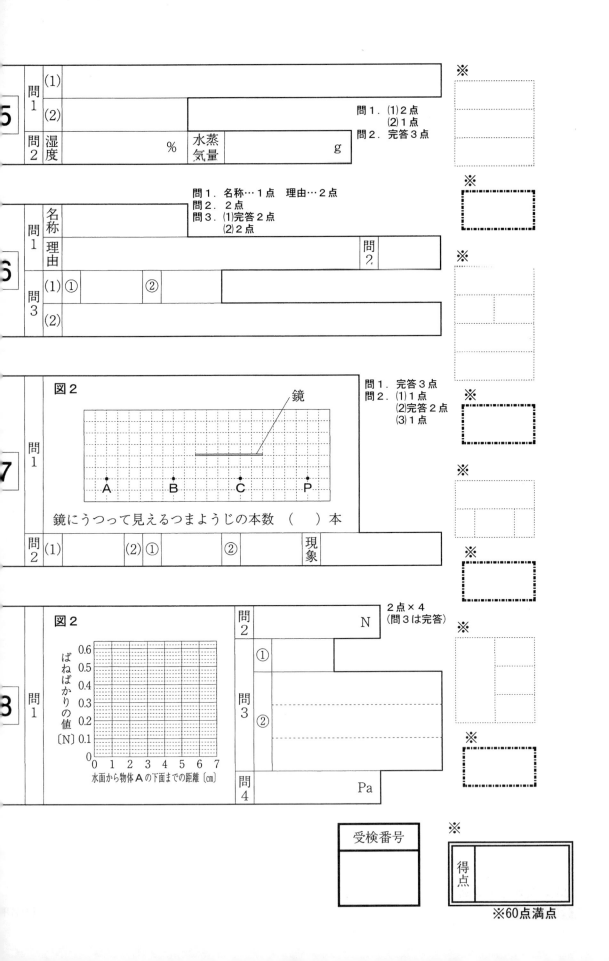

3

問 1		
問 2		
問 3		
問 4		
問 5		

問1．２点　問2．２点　問3．３点　問4．２点×２　問5．３点

※

※

4

I will choose ☐ .

８点

※

受検番号

※

得点	

※60点満点

4	（1）	mL
	（2）	
	（3）	午後　　時　　分

※

※

5	（1）	
	（2）	（証明）
	（3）	cm

※

※

6	（1）	
	（2）	cm^3
	（3）	cm^2

※

※

1)2点　(2)3点　(3)4点
1)2点　(2)5点　(3)4点
1)2点　(2)3点　(3)4点

受検番号

※

得点	

※60点満点

4・3国語　解答用紙

一

問一

問二

問三

問四

働き。

問五

(1) ア

(2) イ

問六

問一．１点
問二．１点
問三．２点
問四．２点
問五．⑴１点
　　　⑵３点
問六．２点

※

※

二

⑴

問一

裏

問二

記号

人物

問三

問四

ア

イ

ウ

問五

⑵

問一

問二

問三

問四

問五

⑴問一．１点
　問二．完答２点
　問三．２点
　問四．ア．１点
　　　　イ．１点
　　　　ウ．３点
　問五．２点
⑵問一．完答２点
　問二．１点
　問三．２点
　問四．２点
　問五．２点

※

※

※

※

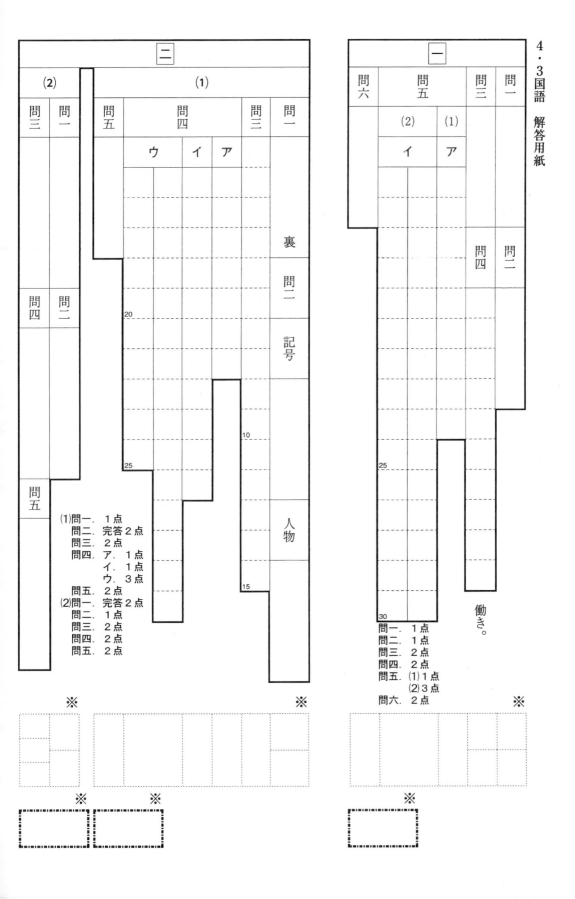

受検番号
氏　名

令和４年度学力検査解答用紙

国　語

・　この用紙の内側に解答欄があります。
・　監督者の指示があったら，この用紙を冊子から取りはずし，受検番号，氏名を記入してください。なお，受検番号を記入する欄は，内側にもあります。
・　受検番号，氏名の記入が終わったら，この用紙を二つ折りにして，静かに開始の合図を待ってください。

問１　日本を七つの地方（九州，中国・四国，近畿，中部，関東，東北，北海道）に区分したとき，資料Ⅰから，下の□内の二つの条件にあてはまる地方を二つ選び，地方名を書け。

条件１：2020年の人口が1980年から増加している都道府県の数が，減少している都道府県の数より多い地方 条件２：人口が100万人以上の都市が二つ以上ある地方

問２　北海道地方と九州地方の畜産業について，略地図の▨で示す道県は，資料Ⅱの**A**～**D**のいずれかを示している。略地図の**X**，**Y**の道県を示すものを，**A**～**D**からそれぞれ一つ選び，記号を書け。ただし，同じ記号は同じ道県を示している。

問３　中部地方と中国・四国地方の自然環境と農業について，(1)，(2) に答えよ。

(1)　略地図の①～④は，資料Ⅲの**あ**～**え**のいずれかの都市を示している。②の都市にあてはまるものを，**あ**～**え**から一つ選び，記号を書け。

(2)　略地図の**a**，**b**の県に共通する出荷時期の特色を，資料Ⅳから読み取って書け。

問４　洋一さんは，日本の工業の特色について調べ，資料を集めた。(1)，(2) に答えよ。

(1)　資料Ⅴの**P**にあてはまる品目を，次の**１**～**４**から一つ選び，番号を書け。

1　パルプ・紙　　**2**　精密機械　　**3**　鉄鋼　　**4**　繊維《せんい》

〈資料Ⅴ〉工業製品出荷額等割合の変化

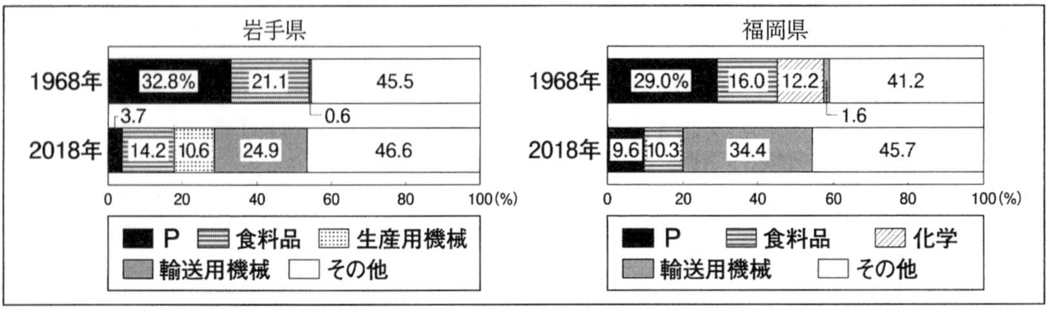

（経済産業省ホームページ等から作成）

(2)　次の**Q**～**S**は，ＩＣ（集積回路）工場，自動車組立工場，石油化学コンビナートのいずれかの分布を示し，**ア**～**ウ**は，洋一さんがそれぞれの分布の特徴を説明したものである。ＩＣ（集積回路）工場と，石油化学コンビナートについて，分布を示すものを**Q**～**S**から，分布の特徴を説明したものを**ア**～**ウ**からそれぞれ一つ選び，記号を書け。

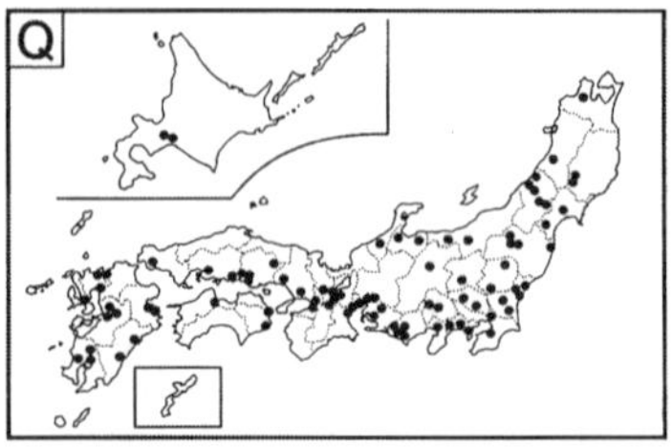

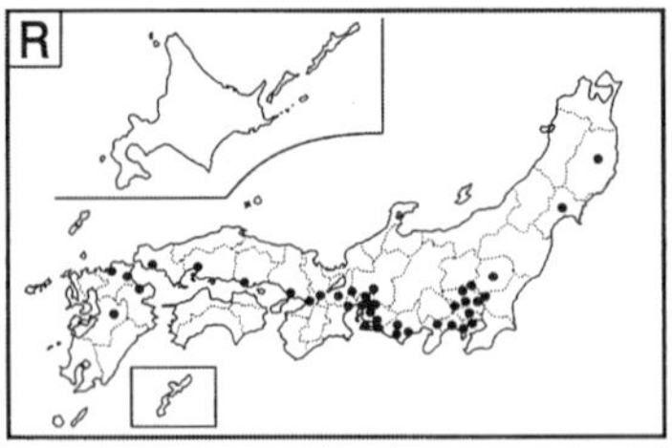

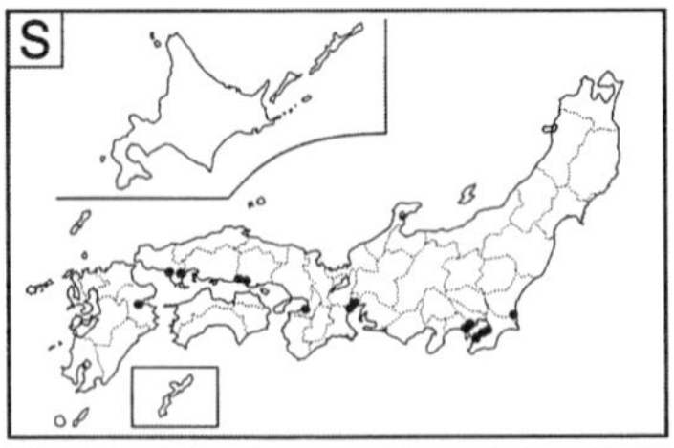

（2019/20年版「日本国勢図会」から作成）

ア　原料を輸入するために太平洋ベルトの臨海部に分布している。

イ　製品を輸送するために空港や高速道路の近くに分布している。

ウ　愛知県や静岡県に集中し，近年は，北関東にも広がって分布している。

5　下のカードは，健太さんと涼子さんの学級で，班ごとに現代社会の課題に関するテーマを決め，調べた内容の一部である。カードをみて，各問に答えよ。

〈カード〉

1班　テーマ「情報化の進展と基本的人権」

情報化の進展に伴い，①基本的人権の侵害に関する新たな問題が生じている。その解決のためには，法律の整備など，②国会の役割が重要になると考える。

2班　テーマ「私たちの生活の変化と今後の経済活動」

電子マネーなどの普及が，③経済のしくみに影響を与えている。また，グローバル化が進んでいく中で，④自由な貿易を推進することが求められている。

3班　テーマ「今後の社会保障制度のあり方」

少子高齢化の進展は，⑤わが国の社会保障制度にも影響を与えている。今後は，幅広い世代で負担をわかちあっていくことが求められている。

4班　テーマ「国際社会におけるわが国の役割」

わが国は，平和主義のもと国際貢献を進めてきた。今後も，⑥国際連合での活動を中心に，世界の発展に平和的に貢献していくことが求められる。

問１　下の□内は，下線部①についてまとめたものである。(あ)の（　）にあてはまるものを，一つ選び，記号を書け。また，((い))にあてはまる語句を書け。

私たちには，自由にものを考え，意見を発表することを保障する，(あ)（**A**　自由権，**B**　参政権）が与えられているが，インターネット上で，他人の名誉《めいよ》やプライバシーの権利を侵害する事例が生じている。こうした人権の侵害を防ぐために，日本国憲法第12条で，国民は自由や権利を（(い)）のために利用する責任があると定められており，今後の情報化の進展に伴った，新たな対応が必要となっている。

問２　下の□内は，下線部②に関して作成した資料Ⅰについて，まとめた内容の一部である。〔　Ⓧ　〕にあてはまる内容を書け。また，（Ⓨ）にあてはまるものを，資料Ⅰの**ア**～**エ**から一つ選び，記号を書け。

2016年から2017年に開かれた国会のうち，〔　Ⓧ　〕ことを主な議題として開催される特別会にあたるものは，（Ⓨ）である。

〈資料Ⅰ〉 2016年から2017年の期間に行われた選挙と開かれた国会（常会を除く）

選挙名	選挙期日
第24回参議院議員通常選挙	2016年７月10日
第48回衆議院議員総選挙	2017年10月22日

国会の種類	召　集	閉　会
ア	2016年８月１日	2016年８月３日
イ	2016年９月26日	2016年12月17日
ウ	2017年９月28日	2017年９月28日
エ	2017年11月１日	2017年12月９日

（衆議院ホームページ等から作成）

問３　健太さんは，下線部③について，資料Ⅱを作成した。資料Ⅱの**X**～**Z**には，企業，政府，家計のいずれかが入り，**あ**～**う**には，税，公共サービス，労働力のいずれかが入る。**X**と**あ**にあてはまる語句をそれぞれ書け。ただし，同じ記号には同じ語句が入る。

〈資料Ⅱ〉 経済の三つの主体の関係

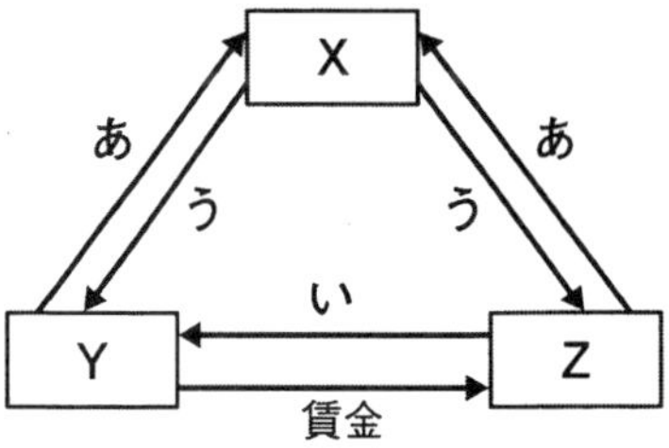

問４　下の□内は，健太さんが，下線部④について，資料Ⅲから読み取ったことをもとにまとめた内容の一部である。㋑～㋩の（　）にあてはまるものを，それぞれ一つ選び，記号を書け。

〈資料Ⅲ〉円とドルの為替レートの推移(年平均)

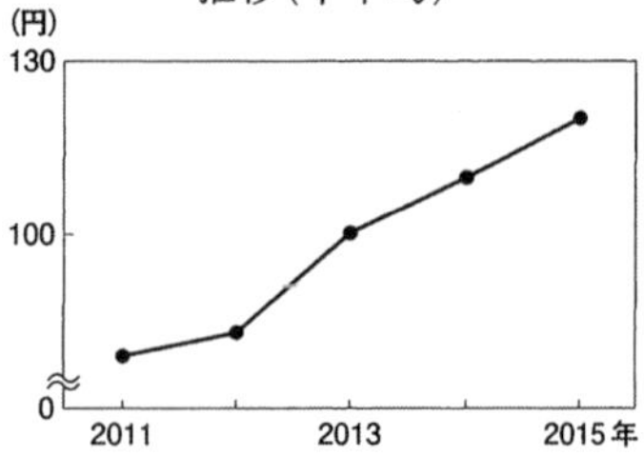

(日本銀行ホームページから作成)

> 2011年に比べ，2015年の為替レートは，ドルに対して円の価値が，㋑（**a**　上がっている，**b**　下がっている）。このとき，同じ日本製の商品のアメリカでの価格は，㋺（**c**　高く，**d**　安く）なるため，日本にとって㋩（**e**　輸出，**f**　輸入）に有利になるといえる。

問５　涼子さんは，下線部⑤の内容について，年金制度に着目し，資料を集めた。今後も図に示される制度が維持されると仮定した場合，資料Ⅳから予想される，わが国の年金制度の課題とその理由を，図と資料Ⅳから読み取って書け。

〈図〉わが国の年金制度のしくみ

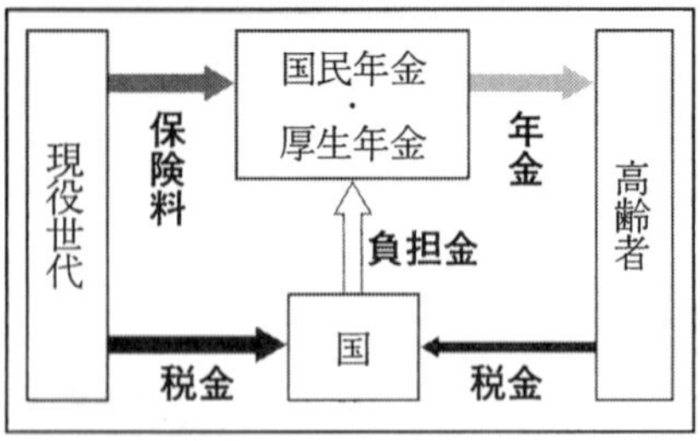

※現役世代は15～64歳を，高齢者は65歳以上を示す。

(厚生労働省ホームページ等から作成)

〈資料Ⅳ〉わが国の年齢別人口割合の推移

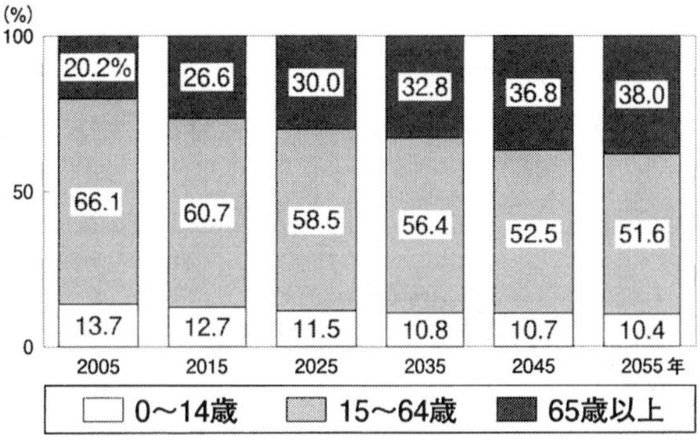

※2025年以降の数値は，予測値を示す。

(国立社会保障・人口問題研究所ホームページから作成)

問６　資料ⅤのR，Sは，下線部⑥のいずれかの機関を示し，資料ⅥのP，Qは，資料ⅤのR，Sのいずれかの機関で話し合われた議題と採決結果を示している。Pは，どちらの機関で話し合われたものか，あてはまるものを一つ選び，記号を書け。また，そのように考えた理由を，選んだ機関の議決のしくみと採決結果にふれて書け。

〈資料Ⅴ〉国際連合の組織

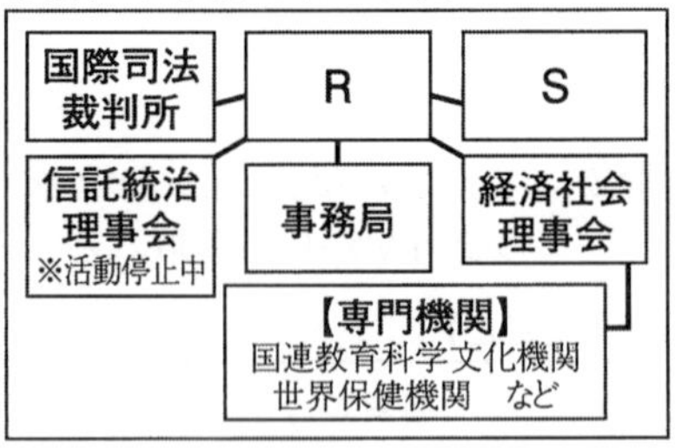

〈資料Ⅵ〉国際連合で話し合われた議題と採決結果

P

議題	シリアへの支援に関する決議案の審議 (2019年12月20日)
賛成	13か国
反対	2か国（ロシア，中国）
棄権	なし

決議案は否決

Q

議題	核兵器廃絶に関する決議案の審議 (2020年12月8日)
賛成	150か国
反対	4か国（ロシア，中国など）
棄権	35か国

決議案は可決

(外務省ホームページ等から作成)

6　洋子さんは，持続可能な開発目標（SDGs）の一つについて調べ，ノートにまとめた。ノートをみて，各問に答えよ。

〈ノート〉

〈図〉

13 気候変動に 具体的な対策を

〈写真〉

（キリバスの沿岸部の写真）

海抜の低い国や地域の中には，近年，写真のように，満潮や高潮による沿岸の浸食が問題となっているところがある。

（図，写真は，国際連合広報センターホームページ等から引用）

※お詫び：著作権上の都合により，イラストと写真は掲載しておりません。　教英出版

〈メモ〉

経済発展に伴って，〔　ア　〕と考えられる。 ➡ 対策が行われないと，写真の状況は，さらに深刻化するおそれがある。 ➡ 自分にできる具体的な対策を考える必要がある。

問1　メモの〔　ア　〕にあてはまる内容を，次の資料Ⅰ～Ⅲから読み取れることを全て関連づけて書け。

〈資料Ⅰ〉世界の年平均気温の推移

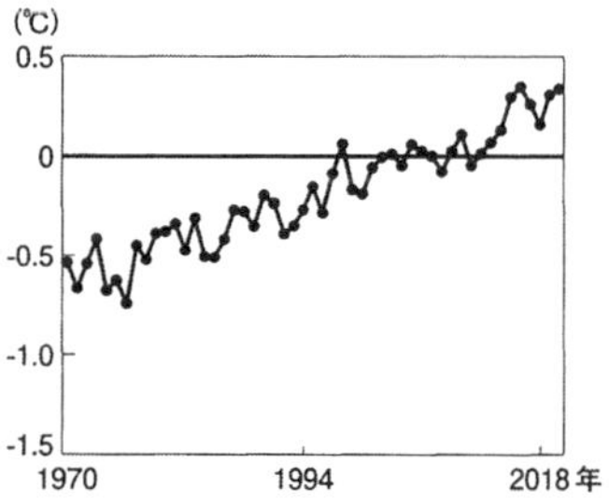

(℃)
0.5
0
-0.5
-1.0
-1.5
1970
1994
2018年

※1991年から2020年までの平均気温との差を示す。

〈資料Ⅱ〉世界の海面水位の変化と将来予測

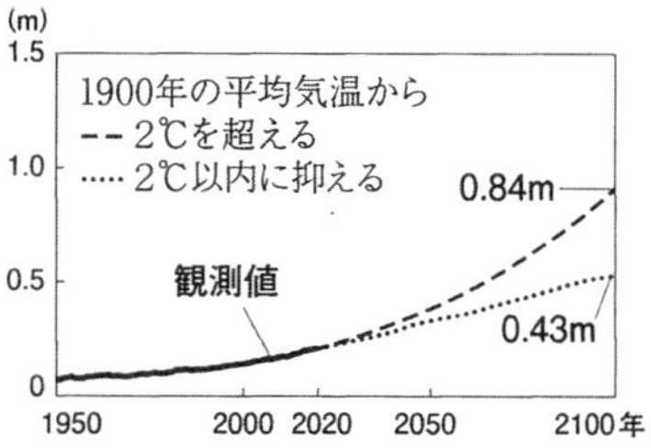

(m)
1.5
1.0
0.5
0
1900年の平均気温から
-- 2℃を超える
…… 2℃以内に抑える
0.84m
観測値
0.43m
1950
2000
2020
2050
2100年

※2020年以降の数値は，将来の海面水位の変化を予測したものを示す。

〈資料Ⅲ〉世界の温室効果ガスの排出量の推移

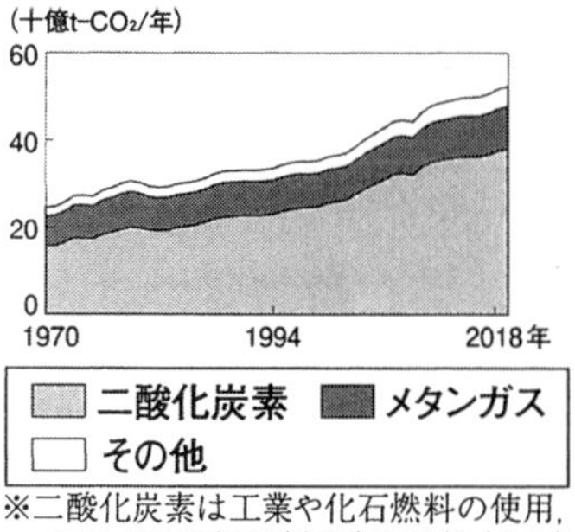

(十億t-CO₂/年)
60
40
20
0
1970
1994
2018年
二酸化炭素
メタンガス
その他

※二酸化炭素は工業や化石燃料の使用，メタンガスは牧畜（家畜）や稲作（水田）が主な排出源である。

（資料Ⅰ～Ⅲは，環境省ホームページ等から作成）

問2　洋子さんは，メモの下線部について調べ，考えたことをまとめた。〔　イ　〕には，下の資料Ⅴから読み取れることを書け。また，〔　ウ　〕には，あなたができることを書け。

【考えたこと】

政府が，資料Ⅳのような取り組みを行う意義は，資料Ⅴから，1990年に比べ，2020年には，〔　イ　〕という課題を解決することにある。資料Ⅳ，Ⅴから，今の私にできることは，〔　ウ　〕ことだ。

〈資料Ⅳ〉政府が推奨する取り組みのロゴマークと内容

ecoCO2 うちエコ診断

○　インターネットで，各家庭の二酸化炭素排出量や排出の原因を調べることができる。

○　専門の診断士から，各家庭に応じた二酸化炭素排出削減の対策についてアドバイスを受けられる。

（環境省ホームページから作成）

〈資料Ⅴ〉わが国の部門別二酸化炭素排出量の推移

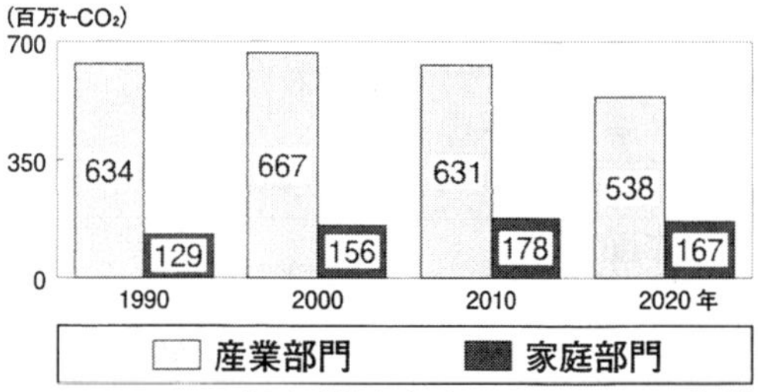

(百万t-CO₂)
700
350
0
634
129
667
156
631
178
538
167
1990
2000
2010
2020年
産業部門
家庭部門

（国立環境研究所ホームページから作成）

これで，社会の問題は終わりです。

亜鉛板の表面に凹凸ができて黒くなっていたのは，亜鉛は銅に比べて（　X　）ので，亜鉛原子が電子を放出して水溶液中に溶《と》け出したためだと考えられます。

銅板の表面では，硫酸銅水溶液の中の銅イオンが電子を受けとり，銅原子になって付着したと思います。

そうですね。それでは，ダニエル電池では，電子がどのように移動することで，電気エネルギーをとり出しているのでしょう。

ダニエル電池では，電子が（　Y　）に移動することで，電気エネルギーをとり出しています。

その通りです。

(1)　会話文中の（X）にあてはまる内容を，「イオン」という語句を用いて，簡潔に書け。

(2)　会話文中の下線部の化学変化を，化学反応式で表すとどうなるか。解答欄の**図3**を完成させよ。ただし，電子は e^- を使って表すものとする。

図3

(　　　　) + (　　　　) ⟶ Cu

(3)　会話文中の（Y）にあてはまる内容として，最も適切なものを，次の**1**～**4**から１つ選び，番号を書け。

1　銅板から導線を通って亜鉛板　　**2**　銅板から水溶液中を通って亜鉛板

3　亜鉛板から導線を通って銅板　　**4**　亜鉛板から水溶液中を通って銅板

問２　電池の内部で電気エネルギーに変換される，物質がもつエネルギーを何エネルギーというか。

問３　下の［　　］内は，実験後，花さんが，身のまわりの電池について調べた内容の一部である。文中の（　）に，適切な語句を入れよ。

私たちの身のまわりでは，さまざまな電池が利用されている。水素と酸素の化学変化から電気エネルギーをとり出す装置である（　）は，自動車の動力などに使われている。この装置では，化学変化によってできる物質が水だけであるため，環境に対する悪影響が少ないと考えられている。

5 次の各問に答えよ。

問１　理科室の空気の露点を調べる実験を行った。下の□内は，その実験の手順と結果である。

【手順】

①　理科室の室温をはかる。

②　金属製のコップの中にくみ置きの水を入れ，水温をはかる。

③　**図１**のような装置を用いて，氷を入れた大型試験管を動かして水温を下げ，コップの表面がくもり始めたときの水温をはかる。

④　②,③の操作を数回くり返す。

図１

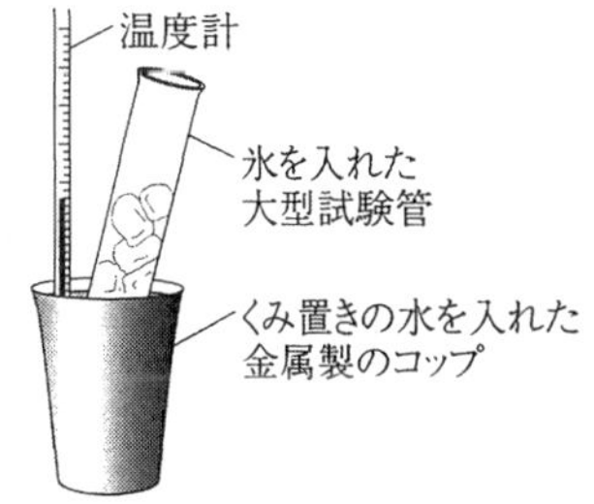

【結果】

理科室の室温	25.0℃
くみ置きの水の平均の水温	25.0℃
コップの表面がくもり始めたときの平均の水温	17.0℃

(1)　下線部について，金属製のコップが，この実験に用いる器具として適している理由を，「熱」という語句を用いて，簡潔に書け。

(2)　下の□内は，この実験についてまとめた内容の一部である。文中の（　）に適切な数値を書け。

理科室の空気の露点は，（　）℃である。コップの表面がくもったのは，コップに接している空気が冷やされることで，空気中の水蒸気が水になったためである。

問２　理科室の空気の湿度について乾湿計で観測を行った。**図２**は観測したときの乾湿計の一部を模式的に示したものである。また，**表１**は湿度表の一部，**表２**はそれぞれの気温に対する飽和水蒸気量を示したものである。ただし，理科室の室温は気温と等しいものとする。

乾湿計で観測を行ったときの理科室の空気について，湿度〔%〕と１m^3中の水蒸気量〔g〕をそれぞれ書け。なお，１m^3中の水蒸気量〔g〕の値は，小数第２位を四捨五入し，小数第１位まで求めること。

図２

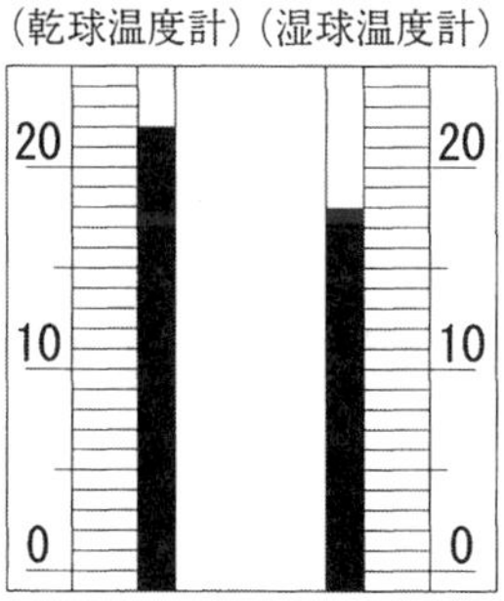

表１

乾球の読み〔℃〕	乾球と湿球との目《め》盛《も》りの読みの差〔℃〕					
	0.0	1.0	2.0	3.0	4.0	5.0
23	100	91	83	75	67	59
22	100	91	82	74	66	58
21	100	91	82	73	65	57
20	100	91	81	72	64	56
19	100	90	81	72	63	54
18	100	90	80	71	62	53
17	100	90	80	70	61	51
16	100	89	79	69	59	50

表２

気温〔℃〕	飽和水蒸気量〔g/m^3〕
16	13.6
17	14.5
18	15.4
19	16.3
20	17.3
21	18.3
22	19.4
23	20.6

6　福岡県のある地点で，よく晴れた夏至《げし》，冬至《とうじ》のそれぞれの日に，太陽の１日の動きを調べるために，下の□内の手順で観察を行った。**図１**はその観察結果である。

【手順】
① 白い紙に透明半球と同じ直径の円をかき，円の中心**O**で直交する２本の線を引いて，透明半球を円に合わせて固定する。
② 固定した透明半球を水平なところに置いて，２本の線を東西南北に合わせる。
③ 午前９時から午後３時まで１時間ごとに，油性ペンの先端の影が**O**と一致する透明半球上の位置に，印をつける。
④ ③でつけた印をなめらかな線で結び，その線を透明半球の縁《ふち》まで延長する。

図１

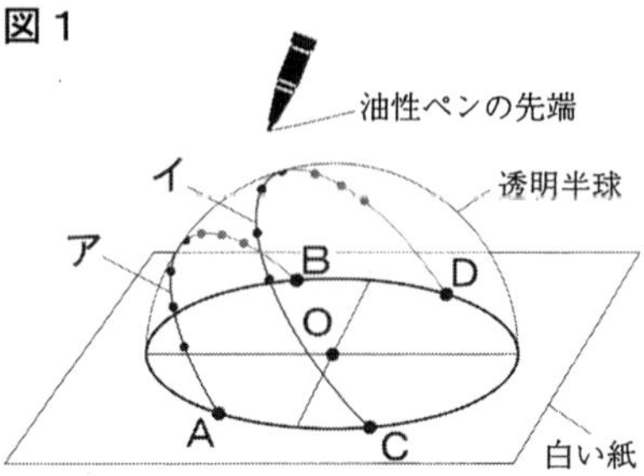

油性ペンの先端
透明半球
イ
ア
B
D
O
A
C
白い紙

〔**ア**，**イ**は，観察したそれぞれの日の，太陽の道すじを示し，**A**～**D**の印は，**ア**，**イ**と透明半球の縁との交点である。〕

問１　透明半球上に記録された太陽の動きのように，１日の間で時間がたつとともに動く，太陽の見かけ上の運動を，太陽の何というか。また，このような太陽の見かけ上の運動が起こる理由を，簡潔に書け。

問２　**図１**の**イ**にそって紙テープをあて，**C**，**D**の印と太陽の１時間ごとの位置の印を•印で写しとり，•印の間隔をはかった。**図２**は，その模式図である。**イ**を記録した日における日の出の時刻として，最も適切なものを，次の**１**～**４**から１つ選び，番号を書け。

図２

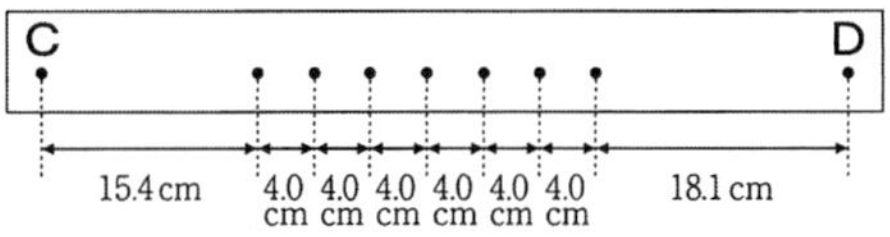

C
D
15.4 cm
4.0 cm
4.0 cm
4.0 cm
4.0 cm
4.0 cm
4.0 cm
18.1 cm

１　午前４時28分　　**２**　午前５時９分　　**３**　午前５時15分　　**４**　午前６時７分

問３　下は，結果をふまえて考察しているときの，登さんと愛さんと先生の会話の一部である。

先生：夏至と冬至の観察結果を比べて，気づいたことはありますか。

登さん：夏至と比べて冬至は，南中高度が①（**P** 高く　**Q** 低く）なっています。

愛さん：夏至と比べて冬至は，日の出と日の入りの方角がそれぞれ真東，真西から②（**R** 北寄り　**S** 南寄り）になっています。

先生：そうですね。それでは，季節によって南中高度や，日の出と日の入りの方角が変化するのはなぜでしょうか。地球が太陽のまわりを公転しているようすと関係づけて説明してみましょう。

登さん：季節による南中高度や日の出と日の入りの方角の変化は，地球が〔　　〕公転しているために起こります。

先生：その通りです。

(1)　会話文中の①，②の（　）内から，それぞれ適切な語句を選び，記号を書け。

(2)　会話文中の〔　〕にあてはまる内容を，「公転面」という語句を用いて，簡潔に書け。

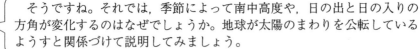

7　次の各問に答えよ。

問１　**図１**のように，鏡を用いて，反射した光の進み方について調べる実験を行った。実験では，方眼紙上のＡ～Ｃ点につまようじを立て，Ｐ点の位置から鏡にうつる像を観察した。**図２**は，鏡と方眼紙を真上から見た図である。ただし，つまようじの先端は全て同じ高さで，鏡とつまようじは，板に垂直に立てられているものとする。

　Ｐ点の真上で，つまようじの先端と同じ高さから鏡を見たとき，鏡にうつって見えるつまようじは何本か。解答欄の**図２**に作図することによって求めよ。

図１

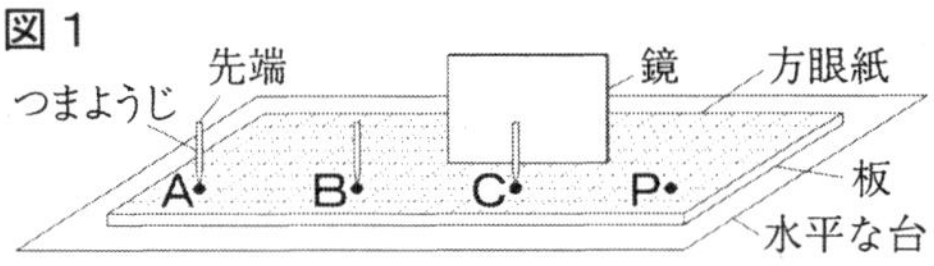

図２

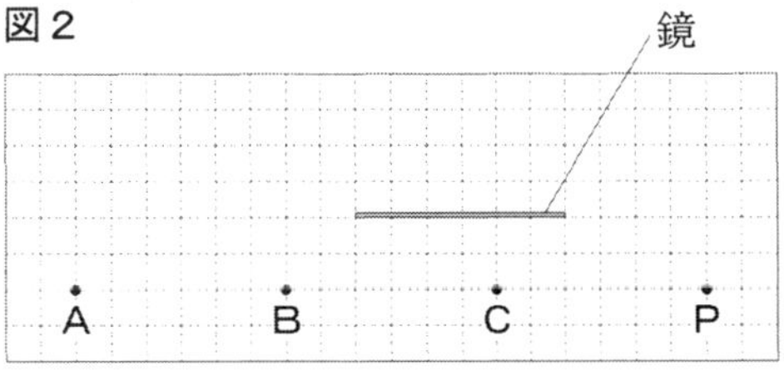

問２　**図３**のように，水平な台に固定した光源装置から出た光を透明な半円形ガラスにあてて，光の進み方を調べる実験を行った。ただし，Ｏ点は，分度器の中心である。

図３

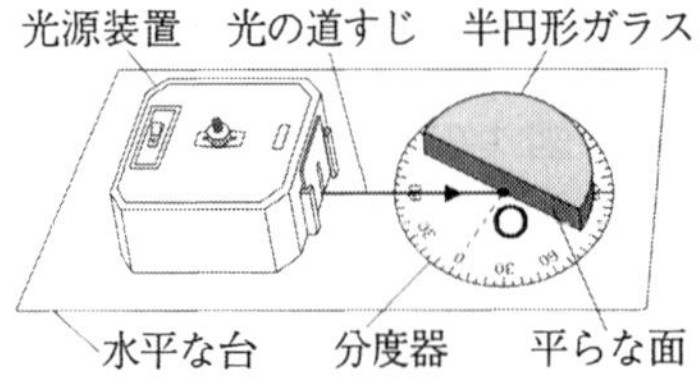

(1)　半円形ガラスの平らな面に光をあてると，空気と半円形ガラスの境界面で反射する光と，半円形ガラスの中に進む光が観察できた。**図３**の実験を真上から見たとき，半円形ガラスに入ったあとの光の道すじとして，最も適切なものを，**図４**の１～４から１つ選び，番号を書け。

図４

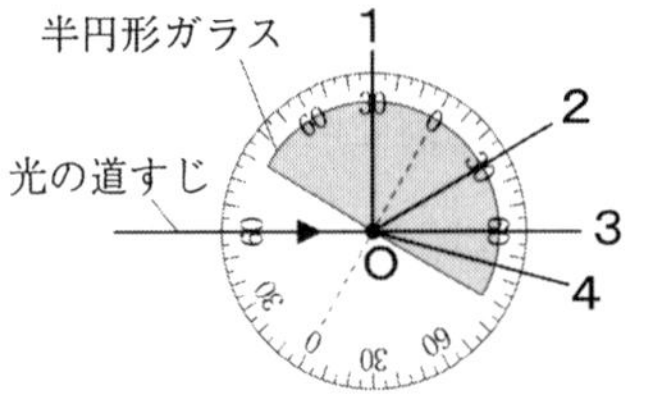

(2)　次に，**図５**のように，光源装置から出た光の道すじが，半円形ガラスの平らな面と垂直になるように，半円形ガラスを置いた。その後，**図６**のように，Ｏ点を中心に半円形ガラスを回転させた。下の□内は，この実験についてまとめた内容の一部である。文中の①，②の（　）内から，それぞれ適切な語句を選び，記号を書け。また，下線部の現象を何というか。

図５

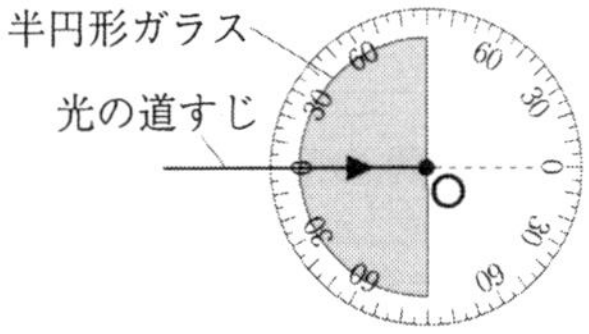

図６

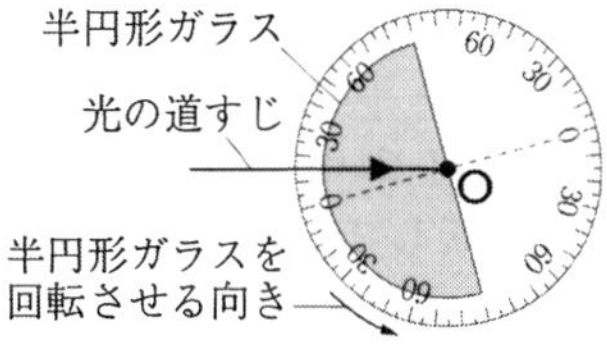

　半円形ガラスの平らな面を境界面として，光が半円形ガラスから空気へ進むとき，半円形ガラスを回転させて入射角を①（**ア** 大きく　**イ** 小さく）していくと，屈折角はしだいに②（**ウ** 大きく　**エ** 小さく）なり，やがて，光は空気中に出ていかずに，半円形ガラスと空気の境界面で全て反射するようになる。

8

図１のように，直方体の物体Aとばねばかりを用いて，物体にはたらく浮力の大きさを調べる実験を行った。実験では，ばねばかりにつないだ物体Aを，その下面が水平になるようにしながら，少しずつ水に入れ，水面から物体Aの下面までの距離とばねばかりの値を記録した。**表**は，実験の結果を示したものである。ただし，物体Aの下面は，水槽《すいそう》の底面に接していないものとする。また，質量100 gの物体にはたらく重力の大きさを１Nとし，糸の体積と質量は考えないものとする。

図１

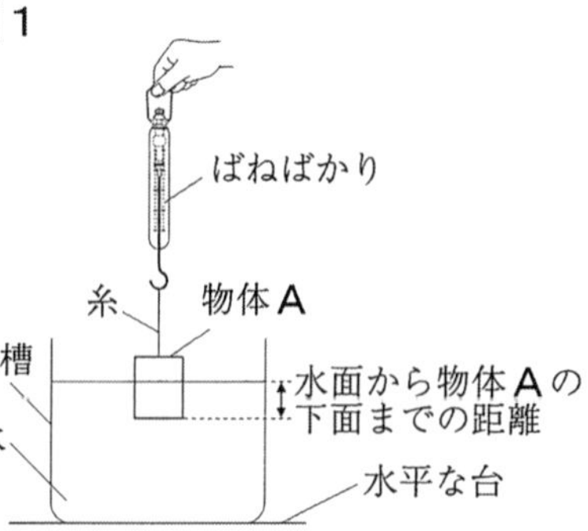

表

水面から物体Aの下面までの距離〔cm〕	0	1.0	2.0	3.0	4.0	5.0	6.0	7.0
ばねばかりの値〔N〕	0.60	0.52	0.44	0.36	0.28	0.20	0.20	0.20

問１　**表**をもとに，「水面から物体Aの下面までの距離」と「ばねばかりの値」の関係を，解答欄の**図２**にグラフで表せ。なお，グラフには測定値を・で示すこと。

図２

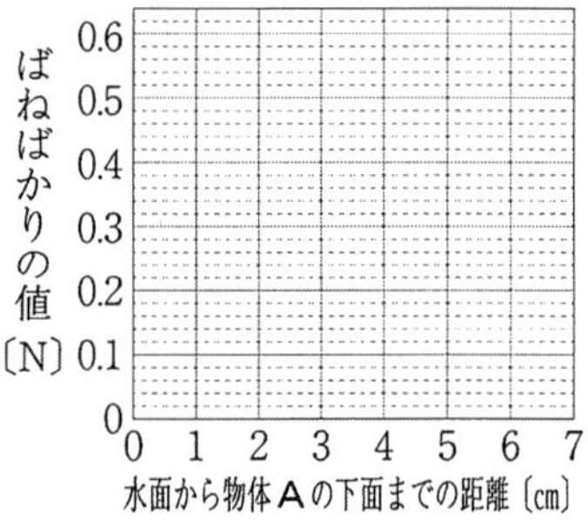

問２　水面から物体Aの下面までの距離が2.0cmのとき，物体Aにはたらく浮力の大きさは何Nか。

問３　下の□内は，この実験について考察した内容の一部である。文中の（①）にあてはまるものを，あとの１～４から１つ選び，番号を書け。ただし，矢印の向きは水圧の向きを，矢印の長さは水圧の大きさを表している。

また，（②）にあてはまる内容を，「水圧」という語句を用いて，簡潔に書け。

> 物体Aの全体が水中に入っているとき，物体Aにはたらく水圧の向きと大きさは（①）のような模式図で表すことができる。このとき，（　②　）ため，物体Aにはたらく浮力の大きさは深さによって変わらない。

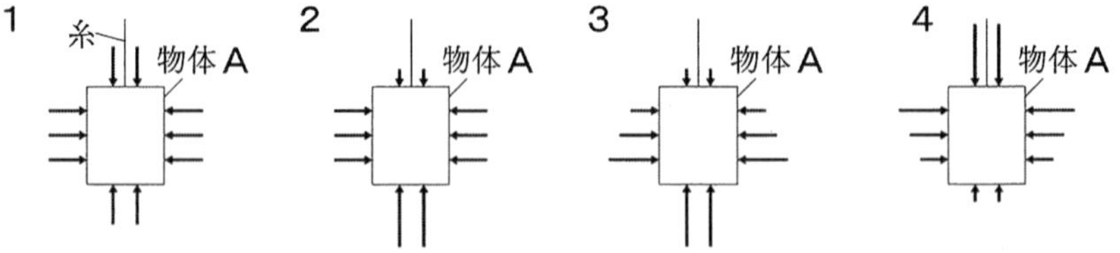

問４　実験後，ばねばかりにつないだ物体Aを水から出し，**図３**のように，水平な台の上にゆっくりとおろしていった。ばねばかりの値が0.40Nを示しているとき，物体Aが台におよぼす圧力の大きさは何Paか。ただし，物体Aと台がふれ合う面積を8.0cm^{2}とし，物体Aの表面についた水の影響は考えないものとする。

図３

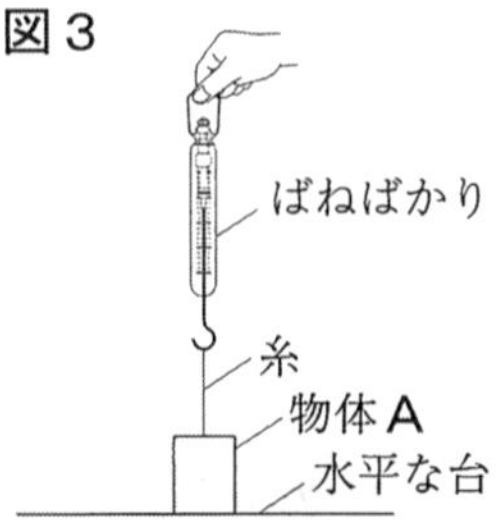

※教英出版注
音声は，解答集の書籍ＩＤ番号を教英出版ウェブサイトで入力して聴くことができます。

令和４年度「英語リスニングテスト」放送台本

説明

（４連続音チャイム　○－○－○－○）
これから，「英語リスニングテスト」を行います。リスニングテスト問題用紙と解答用紙を開きなさい。問題は，**問題１**から**問題４**まであります。なお，放送中にメモをとってもかまいません。英語はそれぞれ２回繰り返します。

問題１

（２連続音チャイム　○－○）
それではテストを始めます。**問題１**を見なさい。これから，英語で短い質問をします。その後に続けて読まれる**ア**，**イ**，**ウ**，**エ**の英語の中から，答えとして最も適当なものを一つずつ選び，記号で答えなさい。問題は3問あります。それでは始めます。

(1)　Wow, look!　That's a cool bike.　Whose bike is it?
ア　It's blue.　**イ**　It's mine.　**ウ**　It's near the park.　**エ**　It's ten years old.
――――（繰り返し）――――

(2)　Lucy, how did you go home yesterday?
ア　To cook dinner.　**イ**　In the evening.　**ウ**　About one hour.　**エ**　By bus.
――――（繰り返し）――――

(3)　Ms. Green, when did you start learning Japanese?
ア　By listening to music.　**イ**　When I was fifteen.　**ウ**　Because I was interested in it.　**エ**　For three hours.
――――（繰り返し）――――

問題２

（２連続音チャイム　○－○）
問題２を見なさい。これから，表について英語で質問します。その答えとして最も適当なものを，表の中から抜き出して答えなさい。それでは始めます。

(1)　Takuya has one week for a trip this summer.　He wants to travel around Japan because he went abroad last summer.　He enjoyed walking around famous places by himself then, so he wants to enjoy the next trip in the same way.　Which is the best course for him?
――――（繰り返し）――――

(2)　This weekend, Kenji will join an event at City Animal Park to play with animals.　He has a cat at home, so he wants to play with another kind of animal.　He can go to the park only on Sunday morning.　What time does the event he will join start?
――――（繰り返し）――――

（２連続音チャイム　○－○）
問題３を見なさい。これから，健太と友人であるアメリカ人のジェーンが対話をします。その対話の後で，「クエスチョン（Question）」と言って英語で質問します。その答えとして最も適当なものを**ア**，**イ**，**ウ**，**エ**の中から一つずつ選び，記号で答えなさい。それでは始めます。

Kenta:　Our train will get to Tokyo soon, Jane.　You look excited.
Jane:　Yes!　This is my first time to visit Tokyo.　I like the popular culture of Tokyo.　I want to enjoy shopping and eating

【放送

（注）*shamisen* ……………… 三味線
skills …………………… 技能
e-mail …………………… Eメール
hear from ～ ………… ～から連絡がある
kabuki ………………… 歌舞伎
feelings ………………… 気持ち
sound …………………… 音
motivated ……………… やる気にさせた

問1　英文中の下線部①，②が，メールの内容から考えて意味がとおるように，それぞれ（　　　）内から4語を選び，それらを正しい語順に並べて書け。

問2　英文中の[　　　　]には，次の**ア**～**エ**のいずれかが入る。メールと会話の内容から考えて，最も適当なものを，一つ選び，記号を書け。

ア　he arrived in Japan so soon
イ　he doesn't like Japanese music class
ウ　he enjoyed his stay in Japan
エ　he will have no time to practice the *shamisen*

問3　英文中の□には，次の**ア**～**エ**のいずれかが入る。会話の内容から考えて，最も適当なものを，一つ選び，記号を書け。

ア　so I have never played the *shamisen* since then
イ　so learning about it was interesting to me then
ウ　but it's more difficult to understand *kabuki* performances now
エ　but I want to know more about it now

問4　次の質問の答えとして，メールと会話の内容から考えて，最も適当なものを，後の**ア**～**エ**から一つ選び，記号を書け。

Why did Yuji and Sachi decide to play the *shamisen* with Tom for their culture festival?

ア　Because Tom can enjoy learning traditional Japanese music culture at school in Japan.
イ　Because Yuji and Sachi have practiced the *shamisen* hard for people in Australia.
ウ　Because it is important to learn traditional Japanese music culture by using the Internet.
エ　Because playing the *shamisen* together will help them enjoy traditional Japanese music culture.

3 次の英文を読んで，後の各問に答えよ。

Hiroshi is a junior high school student. One day in an English class, his teacher said, “We have many kinds of new technology around us. Computers, the Internet, and AI are good examples. Do you know any people who use them well? In our next project, I want you to introduce one person in class.” So at home that night, Hiroshi asked his mother, and she said to him, “Your grandmother, Toshiko, uses new technology well.”

A few days later, Hiroshi talked with Toshiko on the Internet about the project. She said, “Well, you know I am a fruit farmer. I didn’t use technology very much in the past. But now, I use it every day. There are many ① benefits of using new technology. I collect information about the weather from websites. I can understand my fruit’s growth by keeping records and can share that information with researchers and farmers who live in other parts of Japan. Then I can get good ideas from them and make my fruit bigger and better. Now I don’t need to give water to my fruit trees because AI technology can do ② that job. Also, it is easy for me to sell more fruit by using the Internet. In these ways, new technology has changed my way of working and made it better. On my website, I show other farmers how to use new technology which helps us grow better fruit.” Hiroshi decided to talk about her to his classmates.

A month later, Hiroshi made a speech in front of his classmates. After the speech, his classmate, Asuka, said, “In your speech, I like the story of your grandmother’s website. She shows her ideas about using new technology for agriculture. I hope people will be interested in her website. If they see it, they will learn her ways to grow fruit. Then, they will be influenced by her and start working like her. I really respect her.”

Hiroshi was very happy to hear that. He said to Asuka, “Using new technology in effective ways has been changing the lives of many people. I want to learn about this more and create a better society in the future.”

(注)

technology	科学技術	project	学習課題，プロジェクト
growth	成長	records	記録
researchers	研究者	grow	栽培する
agriculture	農業	be influenced	影響を受ける
respect	尊敬する	society	社会

問１　次の質問の答えを，４語以上の英語で書け。

What did Hiroshi use to talk with Toshiko?

問２　下線部①を別の語句で表現する場合，最も適当なものを，次の**ア**～**エ**から一つ選び，記号を書け。

ア　difficult points　　**イ**　good points
ウ　weak points　　**エ**　same points

問３　下線部②の具体的な内容を，英文中から探し，日本語で書け。

問４　英文の内容に合っているものを，次の**ア**～**カ**から二つ選び，記号を書け。

ア　Hiroshi's teacher told him to introduce one person who used English well.
イ　Hiroshi gave Toshiko some ideas by sharing information about fruit and the weather.
ウ　Toshiko changed her way of working as a fruit farmer by using new technology.
エ　Hiroshi talked with Asuka about his grandmother before he made a speech in front of his classmates.
オ　In Asuka's opinion, people who see Toshiko's website will be influenced by Toshiko's ideas about agriculture.
カ　Hiroshi decided to create a better society without new technology in the future.

問５　次の質問にあなたならどう答えるか。５語以上の英語で書け。

How do you use new technology when you study English?

4

あなたは，アメリカから日本に来たばかりの留学生のサム（Sam）と仲良くなるために，今週末の計画を立てている。**A**，**B**のうち，どちらの案を選ぶか，あなたの考えを【条件】にしたがって書け。

A　一緒にスポーツを観戦する。
B　一緒に料理をする。

【条件】
・最初の文は，I will choose □. を用いること。
　その際，□には，**A**，**B** いずれかの記号を書くこと。
・二つの案について触れながら，あなたの考えを理由とともに書くこと。
・最初の文は語数に含めずに，30 語以上の英語で書くこと。

(3) ア She has been to Tokyo before, so she knows many things about Tokyo.

イ She wants to try the food young Japanese people don’t usually eat in Tokyo.

ウ She told Kenta about people’s lives in Edo like their clothes and food.

エ She will see old and new things from the culture of Tokyo with Kenta.

問題 4 英文を聞いて，質問に答える問題

〈問 1〉 留学前の奈美(Nami)が，コンピューターの画面を見ながら，オンラインで説明を受ける。それを聞いて，(1)～(3)の質問に答えよ。

※(1)は**ア**，**イ**，**ウ**，**エ**の中から一つ選び**記号**で，(2)は（ ）内にそれぞれ**1語の英語**で，(3)は**4語以上の英語**で答えよ。

Studying at South High School

◇All Lessons◇

In English

◇Homework◇

Presentation

◇Volunteer Work◇

・Playing sports with children

・Cleaning the forests

(1) What is the most important thing to do before Nami leaves?

ア To study at South High School.

イ To practice English.

ウ To finish her homework.

エ To choose her volunteer work.

(2) What does Nami need to talk about in her presentation?

She needs to talk about (　　　　　) (　　　　　).

(3) Who will do the volunteer work with Nami every Friday afternoon?

〈問 2〉 英語の指示にしたがって答えよ。

※**4語以上の英語**で文を書け。

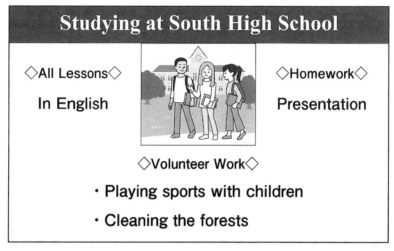

次の（１）～（３）に答えよ。

（１）　正午から午後１時30分までの間に，加湿器Ａの水が何mL減ったか求めよ。

（２）　仮に，加湿器Ａを，午後５時以降も「強」で使用し続けたとするとき，正午に加湿器Ａの使用を始めてから何時間後に加湿器Ａの水の残りの量が０mLになるかを，次の**方法**で求めることができる。

方法

> **図**において，xの変域が$2 \leqq x \leqq 5$のとき，yをxの式で表すと，$y =$ □ $(2 \leqq x \leqq 5)$である。$x \geqq 5$のときも，xとyについて同じ関係が成り立つとして，この式に$y=0$を代入してxの値を求める。

このとき，**方法**の □ にあてはまる式をかけ。

（３）　洋太さんの妹の部屋には加湿器Ｂがある。加湿器Ｂは，加湿の強さが一定で，使用した場合の水の消費量は，使用した時間に比例する。

洋太さんが正午に加湿器Ａの使用を始めた後，洋太さんの妹は，午後２時に4200mLの水が入った加湿器Ｂの使用を始め，午後７時に加湿器Ｂの使用をやめた。午後７時に加湿器Ｂの使用をやめたとき，加湿器Ｂには水が200mL残っていた。

午後２時から午後７時までの間で，加湿器Ａと加湿器Ｂの水の残りの量が等しくなった時刻は，午後何時何分か求めよ。

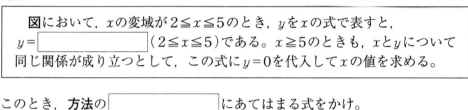

５

桜さんと明さんは，次の**問題**を解いている。

問題

図１のように，円Ｏの円周上に３点Ａ，Ｂ，Ｃを，ＡＢ＝ＡＣ，∠ＢＡＣ＜60°となるようにとり，△ＡＢＣをつくる。点Ｄを，点Ｂをふくまない$\overset{\frown}{\mathrm{AC}}$上に$\overset{\frown}{\mathrm{BC}}$＝$\overset{\frown}{\mathrm{CD}}$となるようにとり，点Ｄと点Ａ，点Ｄと点Ｃをそれぞれ線分で結ぶ。辺ＡＣと線分ＢＤの交点をＥとする。

このとき，ＡＥ＝ＡＤとなることを証明しなさい。

図１

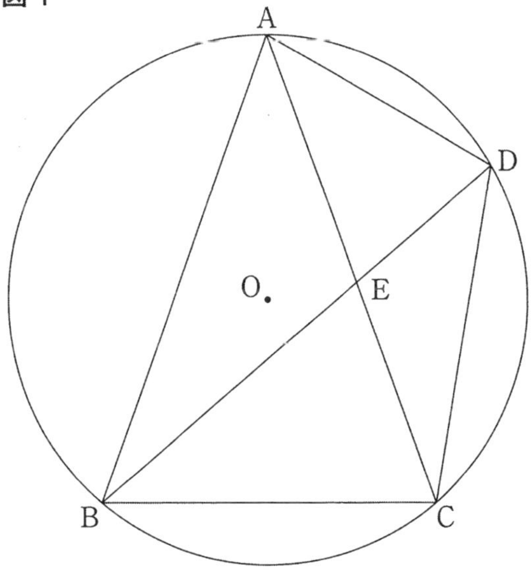

次の会話文は，桜さんと明さんが，**問題**の解き方について会話した内容の一部である。

桜さん

△ＡＢＣがＡＢ＝ＡＣの二等辺三角形であることを使って，ＡＥ＝ＡＤとなることを証明できないかな。

明さん

それなら，①<u>△ＡＢＣ∽(　　　　　)</u> を示すことで，ＡＥ＝ＡＤとなることを証明できそうだよ。

なるほどね。他にもＡＥ＝ＡＤとなることを証明する方法があるのかな。

②<u>△ＡＢＥ≡△ＡＣＤ</u>を示すことで，ＡＥ＝ＡＤとなることを証明できるよ。

次の(1)～(3)に答えよ。

(1)　下線部①の（　　　　　　）には，**図1**において，△ABCと相似な三角形があてはまる。（　　　　　　）にあてはまる三角形を1つかけ。

(2)　**図1**において，下線部②であることを証明せよ。

(3)　**図2**は，**図1**において，BE=4cm，∠BAE=30°となる場合を表している。このとき線分AEの長さを求めよ。

図2

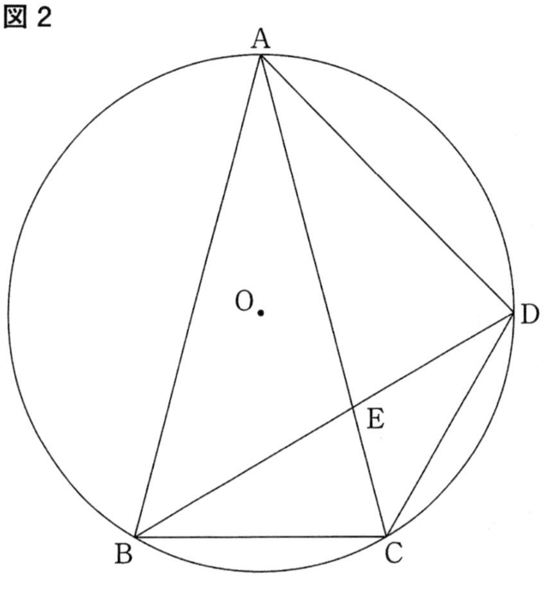

6 **図1**は，ＡＢ＝5㎝，ＢＣ＝10㎝，ＡＥ＝9㎝の直方体ＡＢＣＤＥＦＧＨを表している。点Ｉ，Ｊ，Ｋ，Ｌは，それぞれ辺ＥＦ，ＢＦ，ＣＧ，ＧＨ上にあり，ＦＩ＝ＧＬ＝2㎝，ＦＪ＝ＧＫ＝4㎝である。

図2は，**図1**の直方体を4点Ｉ，Ｊ，Ｋ，Ｌを通る平面で分けたときにできる2つの立体のうち，頂点Ａをふくむ立体を表しており，点Ｍは辺ＩＪの中点である。

図1

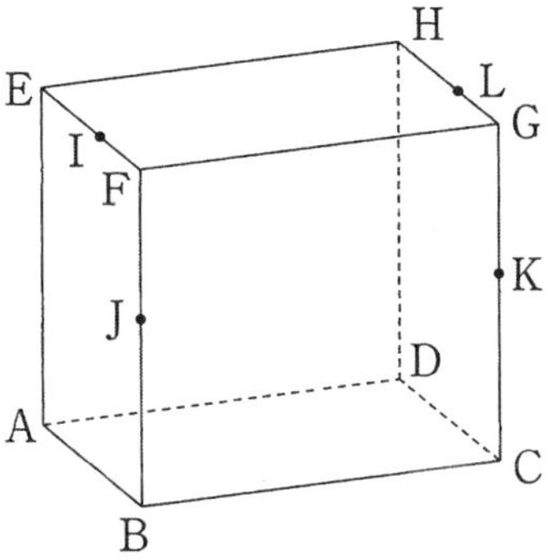

図2

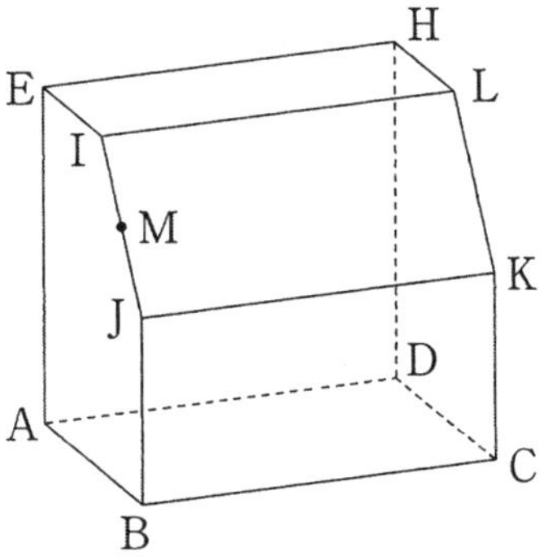

次の(1)～(3)に答えよ。

(1) **図2**に示す立体において，辺や面の位置関係を正しく述べているものを次の**ア**～**エ**から全て選び，記号をかけ。

ア 辺ＡＢと辺ＨＬは平行である。
イ 面ＡＤＨＥと面ＪＫＬＩは平行である。
ウ 面ＡＢＣＤと辺ＢＪは垂直である。
エ 辺ＤＨと辺ＫＬはねじれの位置にある。

(2) **図2**に示す立体において，辺ＡＥ上に点Ｐを，ＭＰ＋ＰＤの長さが最も短くなるようにとる。
このとき，三角すいＡＩＰＤの体積を求めよ。

(3) **図3**は，**図2**に示す立体において，線分ＪＣ上に点Ｑを，ＪＱ：ＱＣ＝2：3となるようにとり，点Ａと点Ｑを結んだものである。
このとき，△ＡＱＪの面積を求めよ。

図3

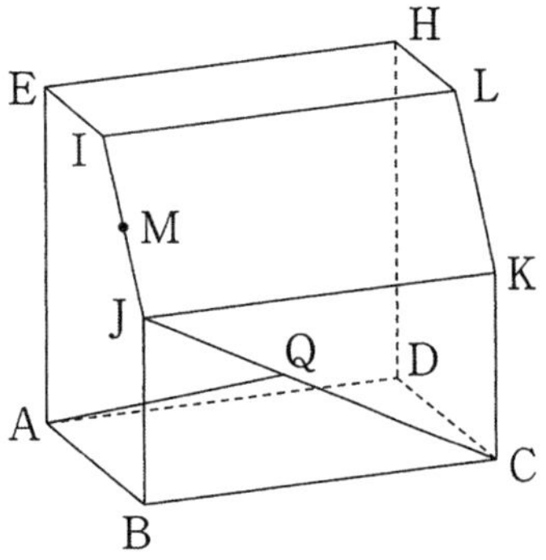

これで，数学の問題は終わりです。

令和４年度学力検査問題

数　学

（50分）

注意

1　監督者の開始の合図があるまで，この問題冊子を開かないでください。

2　問題は，１ページから９ページまであります。

3　解答は，全て解答用紙の所定の欄に記入してください。

4　解答用紙の※印の欄には，何も記入しないでください。

5　監督者の終了の合図で筆記用具を置き，解答面を下に向け，広げて机の上に置いてください。

6　解答用紙だけを提出し，問題冊子は持ち帰ってください。

問一 【資料】を読むことで、【文章】の［　　］の中のどのようなことが詳しく分かるか。次の1～5から全て選び、番号を書け。

1 「ポニーテールをひるがえし」ながら宝良が体を傾けていたのはどの方向かということ。
2 「手の皮が剝《む》けるまで」練習した宝良が操作していたのは「ハンドリム」だということ。
3 「球を追って」とあるが、宝良が追っていた球の速さがどのくらいのものかということ。
4 「駆けまわる」宝良が、実際の試合で、どのように動いて球を打ち返したかということ。
5 「23・77×10・97メートルのコート」は、具体的にどのようなものなのかということ。

問二 【資料】の 装着 の漢字の読みを、平仮名で書け。

問三 【資料】の 考慮 の‖線を施した漢字を楷書で書いたときの総画数と、次の1～4の‖線を施した部分に、適切な漢字をあてて楷書で書いたときの総画数が同じものを、1～4から一つ選び、番号を書け。

1 立派なこう績をあげる。　2 親こう行する。　3 こう沢のある布を使う。　4 こう福を手に入れる。

問四 「兼用」の対義語を、【資料】の中から探し、そのまま抜き出して書け。

問五 【資料】の中で用いられている次の文字の、Aの部分に表れている「点画の省略」という行書の特徴と同じ特徴が表れている部首を、次の1～4から一つ選び、番号を書け。

A

1 （かいへん）
2 （てへん）
3 （たけかんむり）
4 （あめかんむり）

三　次は、中国の唐の時代の『蒙求《もうぎゅう》』の一部と、それを題材にした鎌倉時代末期の『徒然草《つれづれぐさ》』の一部と、『徒然草』の現代語訳である。これらを読んで、後の各問に答えよ。句読点等は字数として数えること。

『蒙求』

許由《きよいう》、箕山《きざん》に隠れ、盃器《はいき》無し。手を以《もつ》て水を捧《ささ》げて之《これ》を飲む。①人一瓢《いつべう》を遺《おく》り、以て操《と》りて飲むことを得たり。飲みをはりて木の上に掛くるに、風吹き瀝瀝《れきれき》として声有り。由以て②煩はしと為《な》し、遂《つひ》に之を去る。

（注）箕山…今の河南省にある山。　瀝瀝…風の音の意。

（『新釈漢文大系　第58巻　蒙求　上』による。一部改変）

『徒然草』

人は、おのれをつづまやかにし、おごりを退けて、財《たから》を持たず、世をむさぼらざらんぞ、いみじかるべき。昔より、賢き人の富めるは稀《まれ》なり。

唐土《もろこし》に許由と言ひつる人は、さらに身にしたがへる貯《たくは》へもなくて、水をも手して捧げて飲みけるを見て、なりびさこといふ物を人の得させたりければ、ある時、木の枝にかけたりけるが、風に吹かれて鳴りけるを、かしかましとて捨てつ。また手にむすびてぞ水も飲みける。③いかばかり心のうち涼しかりけん。孫晨《そんしん》は、冬月《ふゆのつき》に衾《ふすま》なくて、藁一束《わらひとつか》ありけるを、夕《ゆふべ》には是《これ》に臥《ふ》し、朝《あした》には収めけり。

もろこしの人は、これをいみじと思へばこそ、記しとどめて世にも伝へけめ、これらの人は、語りも伝ふべからず。

現代語訳

人は、わが身をつつましくして、ぜいたくをしりぞけ、財宝を所有せず、俗世間の名誉や利益をむやみに欲しがらないのが、立派だといえよう。昔から、賢人であって富裕な人は、めったにいないものである。

中国で許由といった人は、少しも身についた貯えもなくて、水さえも手でもってすくいあげて飲んでいたのを人が見て、なりびさこ（瓢箪《ひょうたん》）というものを与えたところが、ある時、木の枝にかけてあったその瓢箪が、風に吹かれて鳴ったのを、やかましいといって捨ててしまった。それからはまた前のように手ですくって水も飲んだ。【I】。孫晨は、冬季に夜具がなくて、一束の藁があったのを、日暮れになるとこれに寝て、朝になると取りかたづけたということである。

中国の人は、これらを立派なことだと思えばこそ、書き残して後世にも伝えたのであろうが、我が国の人は、語り伝えさえしそうにもないことである。

（注）瓢箪…ウリ科の植物。熟した実の中をくりぬいたものを、水をすくう道具などとして用いる。

（『新編日本古典文学全集　44　徒然草』による。一部改変）

問一　**『蒙求』**の　飲みをはりて　を、現代仮名遣いに直し、全て平仮名で書け。

問二　**『蒙求』**の　①人一瓢《いつぺう》を遺《おく》り　という書き下し文の読み方になるように、解答欄の漢文の適当な箇所に、返り点を付けよ。

問三　**『蒙求』**の　②煩はし　と同じ意味で用いられている語を**『徒然草』**から探し、そのまま抜き出して書け。

問四　**『徒然草』**に　③いかばかり心のうち涼しかりけん　とあるが、どういうことか。**現代語訳**の[Ⅰ]に入る内容として最も適当なものを、次の**1**～**4**から一つ選び、番号を書け。

1　どんなにか心の中はすがすがしかっただろうか　　**2**　どんなにか心の中は寂しかっただろうか

3　どんなにか心の中はわびしかっただろうか　　**4**　どんなにか心の中は楽しかっただろうか

問五　次の[　]の中は、**『蒙求』**、**『徒然草』**を読んだ小島さんと堤さんと先生が、会話をしている場面である。

> 小島さん　**『蒙求』**に出てくる「許由」は、水をすくう道具でさえ必要ないと思うような[ア]な生活を実践した人物だと思います。
>
> 堤さん　そうですね。出家して草庵《そうあん》で暮らしたといわれる兼好法師は、**『徒然草』**のこの部分で、ぜいたくを嫌ってつつましく生きた立派な人物の例として「許由」と「孫晨」の逸話を引用しているのでしょうね。
>
> 先生　「許由」が俗世間を避けて、**『蒙求』**の中にある「箕山」で暮らしたのは、王が「許由」に帝位を譲ろうとした時に、それを断ったのがきっかけであるという逸話もありますよ。
>
> 堤さん　その逸話も踏まえると、自分の名誉や利益を求める気持ちがない「許由」は、[イ]を持たない人物でもあったと思います。
>
> 小島さん　**『徒然草』**には、そのような人物について、[ウ]ことへの兼好法師の嘆きが表れていると思います。
>
> 先生　二人とも、**『蒙求』**と**『徒然草』**を比べて読んで、考えを深めることができましたね。

(1)　[ア]、[イ]に最もよく当てはまる熟語を、それぞれ漢字二字で考えて書け。

(2)　[ウ]に入る内容を、十字以上、十五字以内で考えて書け。

四

狂言とは、六百年以上の歴史を持つ日本の伝統芸能で、滑稽なせりふやしぐさを中心に演じる劇である。次は、F市で開催を予定している中学生対象の「狂言体験教室」について、多くの中学生に興味を持ってもらうために、市役所の担当者が作成中の【ポスター】である。これを見て、後の問に答えよ。

【ポスター】

F市中学生「狂言体験教室」

狂言を知ろう、見よう、やってみよう！

プログラム

① 狂言についての説明

② 鑑賞『附《ぶ》子《す》』

③ 狂言体験

日　時：10月30日（日）10：00～11：30

会　場：F市民センター

入場料：無料

問　【ポスター】の空白部分［　　］の内容として、左の【案】AとBについて、中学生の考えを聞かせてほしいと、市役所の担当者から中学校に依頼があった。あなたならどのような考えを伝えるか。次の条件1から条件4に従い、作文せよ。

【案】

A

『附子』　主人と家来の知恵くらべ！
あおげ，あおげ
あおぐぞ，あおぐぞ
太郎冠者《かじゃ》
次郎冠者
この話の主人は「砂糖」を猛毒「附子」だとうそをつき，外出します。留守番の二人の家来は砂糖だと知り，全部食べてしまいます。さて，二人は主人にどのような言い訳をしたのでしょうか？
続きは体験教室で！

B

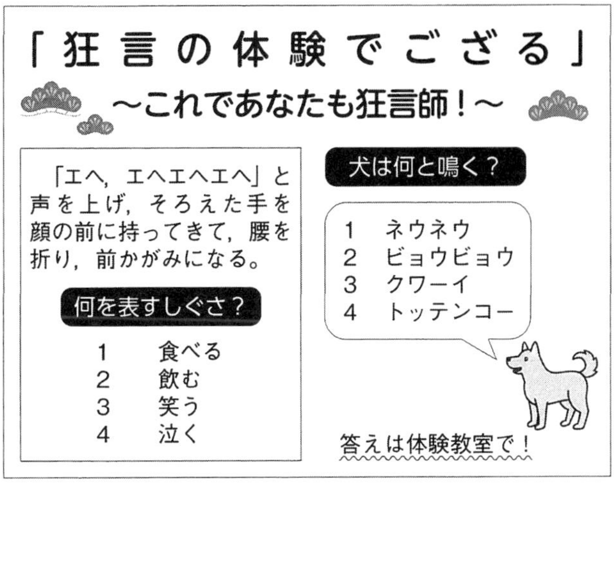

「狂言の体験でござる」
～これであなたも狂言師！～
「エヘ，エヘエヘエヘ」と声を上げ，そろえた手を顔の前に持ってきて，腰を折り，前かがみになる。
何を表すしぐさ？
1　食べる
2　飲む
3　笑う
4　泣く
犬は何と鳴く？
1　ネウネウ
2　ビョウビョウ
3　クワーイ
4　トッテンコー
答えは体験教室で！

条件1　文章は、二段落構成とし、十行以上、十二行以内で書くこと。

条件2　第一段落には、【案】AとBのそれぞれのよさに触れた上で、どちらの案を選ぶか（どちらを選んでもかまわない。）、あなたの考えを書くこと。

条件3　第二段落には、第一段落を踏まえ、あなたが選んだ案について、さらに工夫できることを考えて、理由とともに書くこと。

条件4　題名と氏名は書かず、原稿用紙の正しい使い方に従って書くこと。